KB102436

디지털자산

메타버스의 미래

디지털자산
메타버스의 미래

ⓒ 이철이, 2023

초판 1쇄 발행 2023년 5월 24일

지은이	이철이
펴낸이	이기봉
편집	좋은땅 편집팀
펴낸곳	도서출판 좋은땅
주소	서울특별시 마포구 양화로12길 26 지월드빌딩 (서교동 395-7)
전화	02)374-8616~7
팩스	02)374-8614
이메일	gworldbook@naver.com
홈페이지	www.g-world.co.kr

ISBN   979-11-388-1934-3 (03320)

- 가격은 뒤표지에 있습니다.
- 이 책은 저작권법에 의하여 보호를 받는 저작물이므로 무단 전재와 복제를 금합니다.
- 파본은 구입하신 서점에서 교환해 드립니다.

당신이 준비해야 할
새로운 경제의 패러다임

디지털자산
메타버스의 미래

이철이 지음

앞으로 10년 경제와 금융의 역사는
✦ 블록체인으로 반복된다 ✦

션 경력 금융 · 핀테크 전문가의
ㅏ 블록체인 비트코인 이야기

SDS 삼성증권 HTS 개발

or Group 대표이사

대학발명협회 이사

좋은땅

5장 비트코인 역사와 이슈

6장 NFT 자산의 새로운 미래

프롤로그

2017년 세계 화두는 비트코인과 블록체인이었다.

비트코인이 2천만 원을 넘어서면서 투자 열풍이 불었으며, 튤립버블과 비교되면서 블록체인 기술에 매료되던 시점이었다.

그렇다면, 비트코인이 먼저 나왔을까? 블록체인이 먼저 나왔을까?

비트코인은 블록체인기반으로 만들어졌으니 블록체인이 먼저 나온 게 아닐까? 아니면, 비트코인을 만들기 위해 태어난 것이 블록체인이 먼저 탄생된 게 아닐까?

이는 '닭이 먼저냐? 달걀이 먼저냐?'와 같은 질문이 아닐까 싶다. 또다른 측면에선, 둘은 하나이지만 다른 둘이기도 하다. 비트코인은 자산으로, 블록체인은 기술로서 말이다. 비트코인은 투자수단으로서 각광을 받고 있으며, 블록체인은 보안 기술로 진화하고 있으니 말이다. 나는 앞으로도 이 둘은 계속 진화를 거쳐 각각 다른 모습으로 우리 일상생활에 자리 잡게 될 것이라고 생각된다.

이처럼, 세상의 모든 것은 갑자기 만들어지지 않는다.

화폐도 무구한 역사를 기반으로 발전되어 와서 이제는 눈에 안 보이는 디지털화를 만들어 가고 있다. 비트코인과 블록체인 또한, 어느 날 갑자기 하늘에서 뚝 떨어진 게 아니다. 미래를 추구하는 기업가와 혁신 기술을 발전시키기 위한 과학자 등 수많은 선구자들이 지속해서 발전시켜 온

결과물인 것이다. 2017년도에는 비트코인을 보고 암호 화폐가 맞냐? 가상 화폐가 맞냐? 등 단어 하나하나에도 의견이 분분하였다. 또한 비트코인은 사기다 도박이다 이런 이야기들도 많았다. 지금도 그 생각에 변함이 없는 사람들이 나에게 이런 질문들을 한다.

"비트코인에 무슨 가치가 있냐?" 이에 대한 나의 답변은 한결 같았다.

베토벤이 보낸 편지가 왜 비싸게 팔리는가? 그 돈을 지불하며 사려는 이유가 있는 사람에게는 가치가 있는 것이고, 먹을 게 없는 사람들에게는 빵 한 조각이 더 가치가 있을 수 있는 것처럼, 본인에게 가치가 없다고 다른 사람들에게도 가치가 없는 것은 아니다. 이런 비트코인에 규제와 세금이 더해지고 있다. 이는 더 이상 개개인들의 소극적인 시장이 아니라 국가 차원에서 관리되는 소위 제도권 안에 들어오게 된 것을 의미한다. 규제는 항상 소비자 보호로 대변되며 이를 통해 안정적인 시장을 만들어가며 비약적인 성장을 하게 된다. 물론 부작용도 많을 것이다.

세계 금융 시장의 중심인 월스트리트의 IB금융사들은 항상 새로운 상품을 만들기 위해 노력을 한다. 이에 다양한 금융 상품들이 출시되고 있다. 이런 금융 시장에서 비트코인은 매우 매혹적인 상품이기에 디지털 자산을 이용한 다양한 시도를 하고 있으며 국내에도 판매가 될 것이다.

이런 변화하는 금융 시장 환경 속에서 IT 기술의 비약적인 발전은 우리에게 가상의 현실을 쉽게 제공하게 되었으며, 이런 메타버스를 통해 우리는 영화 「아바타」가 현실이 되는 세상을 꿈꾸고 있게 되었다. 이런 메타버스 세상에서 블록체인 기반의 디지털 자산은 경제를 만드는 근간이 될 수밖에 없는 것이다. 조개 껍질에서 시작된 돈의 역사는 수많은 진화 속에서 결국 메타버스와 결합되어 디지털 자산으로 귀결될 수밖에 없는 운명을 지닌 것이다.

이 책을 통해 나의 경험과 생각을 과거부터 되돌아보며, 비트코인과 블록체인이 나오기 위한 인고의 과정과 이를 통해 단단히 다져 가고 있는 디지털 자산 산업과 앞으로 다가올 미래의 자산 시장뿐만 아니라 세상의 변화를 이끌어 가고 있는 메타버스 내에서의 역할을 이해하는 데 도움이 되었으면 한다. 전폭적인 지지를 해 주는 나의 가족과 지인들 그리고 수많은 역경 속에 디지털 자산 시장을 꿋꿋하게 만들어 가고 있는 분들에게 무한한 감사를 드린다.

과거를 이해함으로써 현재를 받아들이고 미래를 꿈꿀 수 있는 것이다.

1장

인류 최대의 발명품
화폐

1-1 화폐

화폐(貨幣 Currency)는 상품의 교환과 유통을 위해 쓰이는 매개물(수단)이다.

현대 사회 구성원 대부분은 경제 활동에 대한 보상으로 화폐를 받고 먹고 자고 즐기는 데 사용한다. 내가 식당 주인이라고 생각해 보자. 맛있게 요리한 점심을 먹은 손님이 식사를 마치고 계산대에서 작은 돌(石)을 건넨다. 당신은 돌을 받겠는가? 당연히 "이게 뭐예요?"라고 물으며 쓸모없는 돌을 건넨 손님에게 제대로 계산하라고 할 것이다. 하지만 돌은 과거 실제 화폐로 쓰였으며 오늘날 화폐학의 대표적인 연구 모델이다.

태평양 미크로네시아(Micronesia)의 607개 섬 중 얍(Yap Islands)은 돌을 화폐로 썼다.

얍 섬의 원주민은 수백 킬로 떨어진 곳에서 구한 석회석을 다듬어 화폐로 썼는데 중앙에 구멍을 낸 바퀴 모양이었다. 마치 거대한 동전 모양의 이 화폐는 라이(Rai)로 불리며 단위는 페이(Fei)였다.

[얍 섬의 화폐 라이(Rai)]
출처 : https://snl.no/Yap

　큰 라이는 몇 미터나 되고 무게는 10톤이 넘어가는 것도 있었다. 라이를 가공하고 운반하는 데 많은 시간과 노력이 필요했기 때문에 크고 무거울수록 더 큰 가치를 인정받았다. 사과나 축하의 의미로 주고받기도 했고 집안 대대로 물려주기도 하며 가치를 보전했다. 라이는 1990년대 초 관광객과 상인이 얍 섬에 와, 달러나 유로를 쓰기 전까지 얍의 대표 화폐로 사용되었다.

화폐의 근본은 '신용'이다.

세계적인 화폐경제 학자 밀튼 프리드먼(Milton Friedman)은 저서 『화폐경제학』(money mischief)에서 라이를 소개하며 화폐의 근본을 '신용'이라 정의했다. 석회암 돌덩이에 가치를 부여한 얍 섬 원주민이나 숫자가 적힌 종이에 가치를 부여하는 현대 국가의 차이는 크지 않다.

원주민이 돌을 옮기고 가공해 보관했던 것은 오늘날 대부분의 국가가 중앙은행을 통해 화폐를 발행하고 유통하는 것과 같다. 현대의 화폐는 실물 대신 국가가 화폐 가치를 보장한다. 국가는 경제 정책과 재정 정책으로 화폐 가치를 유지하기 위해 노력한다.

만약 이런 국가 시스템이 신용을 얻지 못하면 우리가 쓰는 화폐는 가치를 상실할 것이다.

화폐는 세 가지 조건을 가지고 있다.

1. 가치 측정

우리는 화폐를 사용함으로 상품이나 서비스의 가치를 직관적으로 알 수 있다.

똑같은 국수라도 시장에서 파는 국수와 호텔 국수는 가치가 다르다. 우리는 두 국수의 맛과 서비스, 요리사의 경력, 매장 인테리어를 비교하며 차이가 무엇인지 일일이 설명할 수 있을 것이다. 하지만 화폐는 그렇게 하는 데 드는 시간을 줄여 준다.

"○○시장의 국수는 3천 원이고 ○○호텔의 국수는 2만 원이야."라는 한마디로 화폐를 통한 가치가 측정이 가능해진다.

2. 교환 매개

우리는 누군가와 상품이나 서비스를 주고받을 때 화폐를 쓴다.

시장 경제는 화폐를 통해 내가 원할 때 원하는 것을 교환할 수 있다는 신뢰를 기반으로 돌아간다.

만약 인류가 아직도 원시시대처럼 개인이나 작은 가족 단위 생활만을 유지해 왔다면 대부분은 추위와 굶주림, 약탈의 공포 속에서 하루하루 불안하게 살아갈 것이다.

화폐를 사용함으로 우리 모두는 각자의 전문 분야를 활용해 화폐를 얻고 상품과 서비스를 교환하며 안정적인 생활을 할 수 있게 되었다.

3. 가치 저장

우리는 화폐를 사용해 노동에 대한 가치를 저장할 수 있다.

화폐 없이 자급자족하던 사람들은 필요 이상으로 열심히 일할 이유가 없었다. 내가 농사를 잘 지어 아무리 많은 식량이 있어도 혼자 다 먹을 수는 없기 때문이다. 주변에 나눠 주거나 물물 교환 하는 것도 한계가 있다. 결과적으로 필요 이상의 많은 식량이나 자원은 쓰레기가 될 뿐이었다. 하지만 화폐가 생기면서 남은 식량이나 자원을 화폐로 바꿔 생산 활동의 결과를 저장할 수 있게 된 것이다. 사람들은 화폐가 생기고서야 비로소 더 큰 생산 활동의 이유가 생겼다.

오늘날 우리에게 화폐는 생활필수품이자 공기처럼 너무나 당연한 존재다.

하지만 어느 날 갑자기 화폐가 사라지거나 제 역할을 못한다면 어떻게 될까? 최근 통화 정책 실패로 화폐 가치가 하락한 베네수엘라나 터키를 생각해 보면 화폐의 중요성을 알 수 있다. 국가의 화폐가 가치를 잃으면 국민은 고통에 빠진다. 베네수엘라나 터키 국민은 살인적인 물가로 생필품을 제대로 구하지 못하고 먹고 살기 위해 다른 나라로 불법 취업을 하거나 국가를 떠나고 있다. 현대 국가의 가장 중요한 역할은 국가 화폐가 가치를 유지하도록 관리하는 것이다.

인류 역사상 가장 위대한 발명품인 화폐는 지금 이 순간도 우리의 삶을 유지하기 위해 애쓰고 있다.

1-2 화폐의 종류

	법정 화폐 Fiat Currency	디지털 화폐 Digital Currency	가상 화폐 Virtual Currency	암호 화폐 Cryptocurrency
화폐 형태	주화 또는 지폐	디지털		
화폐 구분	법정 통화		가상 화폐	암호 화폐
적용 법규	O		X	
사용처	모든 거래	가맹점	가상공간 혹은 가맹점	
발행기관	중앙은행	금융기관	비금융기관	X
법정통화와의 교환성		교환 가능	교환 안됨	교환 가능

[화폐의 형태에 따른 비교]

화폐는 인류 문명과 함께 다양한 형태로 끊임없이 발전해 왔다.

우리가 흔히 화폐라고 칭하는 것은 과거 현금(법정 화폐)를 뜻했지만 오늘날 화폐는 현금(법정 화폐), 디지털 화폐, 가상 화폐, 암호 화폐 크게 4가지로 분류된다.

법정 화폐(Fiat Currency)

법정 화폐는 국가 법률에 따라 중앙은행에서 발행하고 관리하는 화폐다.

미국의 달러, 일본의 엔화, 중국의 위안화, 한국의 원화처럼 국가 대부분은 법정 화폐가 있다. 흔히 '현금'이라 부르며 지폐와 동전 형태로 유통된다. 정부와 국가경제에 대한 신뢰를 기반으로 하며 '금'과 같은 실물에 기반하지 않는다. 정부의 통화 발행 정책에 따라 발행량이 결정되며 지속적으로 발행되고 있다. 법정 화폐는 역사적으로 가장 안정적인 화폐다.

디지털 화폐(Digital Currency)

디지털 화폐는 디지털 방식으로 관리되는 법정 화폐다.

지폐나 동전 같은 아날로그 화폐를 은행 계좌에 입금하는 순간 아날로그 형태의 디지털 화폐가 된다. 디지털 통화로 변환된 현금은 온라인으로 직접 만나지 않고 주고받을 수 있다.

디지털 통화는 필요할 때 법정 통화로 인출할 수 있다. 디지털 통화는 정보 통신 기술의 발달로 현금보다 광범위하게 쓰이고 있다. 체크 카드나 신용 카드도 디지털 통화의 일종이다.

최근에는 삼성 페이, 카카오 페이 등 기업이 법정 화폐와 연동한 디지털 화폐를 발행하기도 한다.

디지털 화폐는 화폐의 발행, 관리 비용을 축소하고 지불 수단의 편의성

디지털자산 메타버스의 미래

측면에서 각광받고 있다.

가상 화폐(Virtual Currency)

가상 화폐는 기업이나 단체가 발행한 디지털 화폐다.

일명 '사이버 머니'로 불리며 과거 싸이월드의 도토리나 SK의 OK캐시백 포인트 등처럼 해당 기업이 가치를 보장한다. 디지털에서만 존재하며 네트워크가 연결된 곳에서만 사용할 수 있다. 가상 화폐는 법정 통화와 교환될 수 없고 국가가 가치를 보장하지 않는다. 인터넷상의 쿠폰이나 게임상의 게임 머니 등에 활용되고 있다.

암호 화폐(Crypto Currency)

암호 화폐는 암호화 기술(cryptography)을 활용한 가상 화폐다.

대부분의 암호 화폐는 블록체인(Blockchain) 기반으로 구동되며 P2P (Peer-to-Peer 개인과 개인) 방식으로 전송된다. 가상 화폐와 달리 탈 중앙 화폐로 가치를 보증하는 기업이나 단체가 없는 게 특징이다. 암호 화폐는 법정 화폐로 교환될 수 없지만, 암호 화폐 거래를 중개하는 거래소를 통해 법정 화폐로 교환이 가능하다.

암호 화폐는 거래 당사자 간(P2P) 직접 거래와 거래소의 중개 거래를 통해 거래되고 있다. 암호 화폐의 발행과 전송 기록은 블록체인 기반 분산 거래 원장에 기록되며 분산 원장은 여러 참여자들이 보관하며 교차 검증 방식으로 관리된다.

암호 화폐는 휴대의 편의성과 편리한 사용성으로 교환의 수단 관점에서 화폐의 역할을 하고 있다. 다만 가격의 변동성이 매우 크고 법적인 보호 장치가 없어 광범위한 수용성은 떨어지는 게 현실이다. 거래 수수료나 처리 시간 측면에서 보면 법정 화폐나 디지털 화폐에 비해 불편한 면도 있다. 하지만 중앙의 관리자 없이 전송이 가능하기 때문에 국가 간 송금과 같은 분야에서 다른 화폐에 비해 큰 경쟁력을 가지고 지급 수단으로 발전하고 있다.

대표적인 암호 화폐는 2009년 만들어진 비트코인(bitcoin)이다.

비트코인 이후 비트코인의 단점을 보완한 많은 암호 화폐가 출시되고 있으며 암호 화폐의 변동성을 해결하기 위한 스테이블 코인(Stable Coin)도 생기게 되었다.

1-3 화폐의 역사 : 물물 교환

[1874년 닭을 물물 교환 하는 그림]
출처 : wikimedia.org

화폐가 없는 시대에는 어떻게 살았을까?

편의점에서 생수 한 병을 산다고 생각해 보자. 나는 편의점 주인에게 생수를 받고 화폐를 줄 것이다. 하지만 화폐가 없다면? 생수의 가치만큼 편의점 청소를 해 주거나 아르바이트를 해야 한다. 혹은 내가 가지고 있는 편의점 주인이 원하는 다른 상품을 줘야 한다. 버스를 탈 때도 화폐가 없다면 버스 기사가 원하는 만큼 내 시간을 쓰거나 나에게 있는 상품을 줘야 할 것이다.

인류가 화폐라는 개념을 만들기 전에도 화폐의 역사는 시작되었다.

화폐가 없던 원시시대에 물물 교환을 통해 내 상품과 타인의 상품을 상품의 교환하기 시작한 것이다. 간단하게 닭 한 마리와 소가죽 1개를 바꾸는 식의 교환이 이루어졌다. 물물 교환은 화폐가 만들어진 이후에도 계속되었다. 개인과 개인 간의 거래뿐 아니라 국가 단위의 무역에도 주로 사용된 것이다.

하지만 이런 물물 교환은 여러 문제가 있었다.

물물 교환을 위해서는 거래하는 사람 모두가 상대방이 원하는 물건을 가지고 있어야 했다. 각자의 욕구에 맞는 물건을 가지고 있을 확률이 적었기 때문에 원하는 것을 얻기 위해서 더 많은 물건을 내줘야 하는 경우가 빈번했다. 이런 문제는 자원의 효율적인 배분을 저해하게 된다. 물건을 가지고 있는 사람이 같은 공간에서 만나야 했다. 과거엔 지금과 달리 사회 단위 규모가 비교가 안 될 정도로 작았기 때문에 가능했지만 현대 사회는 불가능하다. 과거 그리스에선 광장에 모여 투표하는 직접 민주주의가 가능했지만 지금은 간접 민주주의로 바뀐 것과 마찬가지다.

디지털자산 메타버스의 미래

기본적인 법 체계가 없던 시기였기 때문에 거래당사자끼리 조금만 문제가 생겨도 약탈이나 살인이 일어나기 일쑤였다. 그래서 제도적으로 등장한 것이 바로 '눈에는 눈 이에는 이'의 원리로 유명한 함무라비 법전 같은 법이다. 대부분의 문명의 발상지로 불리는 곳은 비슷한 법이 존재한다. 이런 법의 등장은 물물 교환에 대한 기본적 신뢰를 만들었다.

하지만 문제는 여전히 있었다.

물건을 잠시 빌리거나 외상을 한 경우엔 이것을 기록하기 위한 도구가 필요했다. 그래서 사람들은 징표를 만들어 기록하기도 했다. 거래 내역을 점토판에 기록한 메소포타미아의 점토판이나 잉카제국에서 쓰인 '키푸'라는 매듭이 있었다.

이렇게 고대의 화폐는 상품 대 상품의 물물 교환에서 탄생했으며 법이라는 기본적 규제가 생겨 나면서 거래 내역을 원장으로 기록하는 것으로 발전했다.

이런 요소는 현재의 블록체인이라는 거래 원장을 통해 관리되는 암호화폐와 유사하다.

1-4 화폐의 역사 : 금속 화폐

과거 사람들은 외상으로 빌리고 갚는 개념을 기록이나 매듭 같은 징표를 통해 해결할 수 있었다.

하지만 당시는 징표는 보관이나 사용에 한계가 있었다. 보관하던 징표가 훼손되는 경우가 잦았기 때문이다. 때문에 사람들은 보다 편리하고 정확한 교환 수단을 찾게 되었다. 그래서 나타난 화폐가 바로 금속 화폐다. 금속 화폐는 기존의 징표에 비해 여러 가지 이점을 가졌다.

첫째, 훼손의 위험이 없었다.
금속 화폐는 금속이나 귀금속으로 만들어졌기 때문에 징표에 비해 훨씬 보존력이 높았다.

둘째, 분할할 수 있었다.
동화, 은화, 금화 등 가치의 크기에 따라 여러 단위의 화폐를 만드는 게 가능했기 때문에 물건의 가치를 보다 세분화해서 거래할 수 있었다.

셋째, 휴대와 운반이 편했다.

물물 교환의 경우 물건을 교환하기 위해 먼 거리를 이동하는 과정에서 약탈이나 훼손 등의 문제가 있었지만 금속 화폐는 이런 위험이 적었기 때문에 먼 거리도 편하게 이동해 거래할 수 있었다. 때문에 금속 화폐가 발전한 나라일수록 타국과의 무역이 활발했다.

무역이 활발했던 국가들은 전쟁도 빈번히 벌였는데 군사들의 월급을 금속 화폐로 지급하고 전쟁을 위한 국가의 세금도 금속 화폐로 걷으면서 금속 화폐를 발전시켰다.

최초의 금속 화폐는 특별히 어떤 표식을 새겨 넣지 않고 단순히 금속을 계량(잘라서)하여 사용한 '칭량 화폐(秤量貨幣)'였다. 서양에서는 주로 철과 같은 금속을 사용했고 동양에서는 구리나 금을 사용했다. 하지만 칭량 화폐는 거래할 때마다 화폐의 무게를 재야 하는 번거로움이 있었기 때문에 이 같은 단점을 극복하고 거래 과정의 편리함을 위해 금속 화폐를 발전시킬 필요가 있었다. 과거 많은 물건을 싣고 먼 길을 떠나 거래했던 불편처럼 '광석은 너무 무겁고 크기도 다르다.'는 새로운 불만이 생겼기 때문이다.

1-5 화폐의 역사 : 주조 화폐

금속 화폐의 단점을 보완하고자 나온 화폐는 주조 화폐다.

주조 화폐는 기존의 금속 화폐와 달리 일정한 크기와 모양을 갖춘 화폐다.

금속을 액체로 녹여 일정한 틀 안에 붓는 방식으로 일정한 모양을 가진 가진 주조 화폐가 만들어졌다. 단순한 금속에 지나지 않았던 칭량 화폐에서 표식을 새겨 넣으면서 주조 화폐가 탄생한 것이다. 물론 아무나 주조 화폐를 만든다고 그게 쓰이진 않았는데 지금도 국가가 법정 화폐를 발행했던 것처럼 주조 화폐를 국가가 만들면서 신뢰가 생겼다. 지금의 동전이 주조 화폐인 것이다.

동양의 주조 화폐는 중국 시황제의 진나라 때 처음 나온 반냥전(半兩錢)이 대표적이다.

반냥전은 중국 진나라부터 전한 시대까지 사용된 청동 화폐였는데 가운데 네모난 구멍이 뚫려 있는 원형 형태로 '반량(半兩)'이라는 글자가 새겨져 있다. 반냥전의 원은 하늘을, 사각형은 땅을 상징하는 것으로 동전 하나에서 하늘과 땅을 동시에 볼 수 있다는 사상이 있었는데 가운데 사각 구멍은 주화를 엮을 수 있는 실용성을 위한 것이었다. 무게는 2g에서 20g 으로 다양했다.

서양의 대표적인 주조 화폐는 로마 제국 화폐다.

로마는 중국에 비해 금속 채굴량이 압도적으로 많았기 때문에 금, 은, 청동, 구리 등을 활용한 다양한 주조 화폐를 만들었다. 로마의 주조 화폐 는 중세까지 유라시아 대륙과 북아프리카 등까지 널리 사용되었고 훗날 유럽 국가들의 화폐의 모티브가 되기도 했다. 당시 로마 화폐의 명칭은 오 늘날 영국의 파운드 멕시코의 페소 등 국가 화폐의 단위로도 남아 있다.

주조 화폐는 신뢰와 권력을 가진 집단이 화폐를 직접 만들어 내고 규 칙을 정했다는 점에서 의의를 가진다. 그리고 이것은 그들의 권력이 더 커지는 계기가 되었다.

하지만 인간의 욕심은 끝이 없었다.

'악화(惡貨)가 양화(良貨)를 구축(驅逐)한다.'는 말은 주조 화폐의 등장 으로 만들어졌다. 권력자들은 주조 화폐의 무게와 순도를 조작하기 시작 했다. 역사적으로 찬란했던 로마 시대의 사치는 날이 갈수록 늘어났다. 더 큰 왕실을 짓는 공사와 왕족들의 사치품, 국민들의 환심을 얻기 위해 더 많은 화폐가 필요했던 것이다. 로마 황제의 선택은 은화 속 은 함량을 줄이는 것이었다. 이런 방식으로 같은 양의 금속으로 더 많은 화폐를 찍 어 내기 시작했고 급기야 겉만 은으로 도금하기에 이르렀다. 54년 최초은 함유량이 100%에 가까웠던 로마의 은화는 268년 4%대까지 떨어졌고 로마 제국 말기에는 2%에 불과했다. 이렇게 은 함량이 줄어들수록 로마 은화의 가치는 계속 하락하게 되었다.

[로마 시대의 은화 '데나리우스']
출처 : https://commons.wikimedia.org/wiki/File:Marcus_Aurelius_Denarius2.jpg

화폐가치 하락은 로마 제국의 멸망을 가져왔다.

도시가 활기를 잃었고 급기야 로마의 은화는 쓰이지 않게 되었다. 전 유럽을 통치하던 로마라는 권력은 사라졌다. 로마인들은 다시 과거로 회귀해 물물 교환을 하기 시작했고 로마의 은화는 시장에서 기념품으로 사용되기에 이르렀다. 이 같은 현상에 대해 후대 인물 토머스 그레셤(Thomas Gresham)은 "악화가 양화를 구축한다(Bad money drives out good)."고 말했다.

디지털자산 메타버스의 미래

주조 화폐의 실패로 화폐는 더 가볍고, 빠르면서도 신뢰성을 훼손되지 않는 다른 방법이 필요했다. 그렇게 중세의 오랜 암흑기를 지나 만들어진 화폐는 바로 '지폐'였다.

1-6 화폐의 역사 : 지폐

지금까지 우리는 고기와 가죽을 통한 물물 거래가 금속 화폐와 주조 화폐로 바뀌는 것을 보며 화폐를 사용하는 근본적인 목적을 알 수 있었다. 그것은 바로 '편리함'과 '신뢰'다. 편하지 않으면 화폐로 쓰일 수 없고 편하더라도 신뢰가 없으면 화폐는 무용지물이 된다. 로마 시대의 은화처럼 더 편리하고 다양한 화폐라도 신뢰를 잃으면 사람들은 다시 물물 교환처럼 구시대로 회귀한다.

'지폐(紙幣)'는 종이로 만든 돈이다.

최초의 지폐는 중국 송나라에서 '교자'로 원나라 시대에는 '교초'라는 이름으로 사용되었다. 당시 마르코 폴로가 원나라에 갔다 와서 '중국 사람들은 금화 대신 종이로 돈을 사용한다.'고 했더니 사람들은 믿지 않으며 거짓말이라고 코웃음 쳤다는 일화는 유명하다.

지폐는 기존의 주조 화폐에 비해 훨씬 가볍고 편리했기 때문에 주조 화폐를 대체할 가능성이 있었다. 동전 형태의 주조 화폐의 경우 큰 금액의 물건을 사기 불편했고 물건 가격이 올라가면 이런 문제가 더 부각되었다.

하지만 중국에서도 원나라 후기에는 로마 시대처럼 과도한 지폐 발행으로 물가가 상승하며 경제가 망가지면서 지폐의 가치가 다시 하락하게 된다.

지폐는 주조 화폐에 비해 이점이 있었지만 단점도 명확했다. 지폐는 실물 가치가 없다. 국가나 화폐에 대한 신용이 없어지면 지폐는 휴지 조각에 불과한 것이다. 주화는 녹이면 금속 값이라도 남지만 지폐는 종이일 뿐이었다.

지폐가 널리 쓰이기 위해서는 그 가치를 보증할 수 있는 '담보'가 필요했다.

이후 지폐는 금에 대한 일종의 보증서 역할을 하는 금 본위제가 시행되면서 널리 사용되게 된다. 금과 지폐의 교환 비율을 정해 놓고 실제 지폐를 가진 사람이 지폐를 금으로 교환해 줄 것을 요청하면 바꿔 주면서 지폐 사용이 활성화되었다. 지폐가 발행되는 만큼 일정량의 금이 보관된다면 지폐의 가치는 계속 일정하게 유지되는 것이다.

국제 통화 시장은 1944년 7월 미국 뉴햄프셔 주 브레턴우즈에서 44개국이 참여, 순금 1온스를 35달러로 고정시키고 다른 나라 통화는 달러에 일정한 비율로 고정시키는 달러 중심 금본위(금태환)제인 '브레턴우즈 체제'를 만들었다. 당시 브레턴우즈의 중심이던 미국이 세계 금 보유량의 대부분(80%)을 가지고 있었기에 가능한 일이었다. 그런데 시간이 지남에 따라 미국 내 상황이 변했는데 베트남 전쟁으로 인한 재정 지출, 고유가, 달러 가치 하락, 무역 경쟁력 약화된 것이다. 이에 불안감을 느낀 미국이 발행한 달러를 보유하고 있던 다른 국가들은 미국에게 자신들이 보유한 달러를 금으로 바꿔 줄 것을 요구했다.

하지만 그만큼의 금을 보유하고 있지 않았던 미국의 닉슨 미국 대통령은 1971년 8월 13일 비밀리에 회의를 진행한 후 8월 15일 특보를 통해 미국은 더 이상 달러를 금으로 바꾸어 주지 않겠다고 선언하며 금 본위제를 폐지했다.

미국의 금 본위제 폐지 이후 달러를 금으로 회수하지 못한 전 세계 국가들은 물가 상승에 직면했고 미국 수출 의존도가 높은 나라들은 경제에 큰 타격을 입었다.

이후 미국의 경제가 회복되고 지금까지 세계 1위의 경제, 군사대국이라는 지위를 유지하면서 달러는 전 세계 기축 통화 지위를 유지하며 미국이라는 신뢰로 뒷받침되고 있다.

금 본위제가 폐지된 현재 지폐는 정부가 종이에 숫자를 쓰고 '이 종이는 얼마다.'라고 국가의 보증하에 유통된다.

'지폐'는 그동안의 화폐의 발전 끝에 오늘날 가장 널리 사용되고 있는 화폐지만 미국이라는 특정 국가의 영향력 아래에 있다.

디지털자산 메타버스의 미래

2장

연준과 달러,
월가와 비트코인

2-1 연방 준비 제도 위원회

연방 준비 제도(Federal Reserve System)는 미국의 화폐인 달러를 발행하는 미국의 중앙은행 시스템이다. 전 세계적으로 미국이 가지는 영향력을 생각할 때 연방 준비 제도는 국제 결제 은행과 더불어 세계 금융 경제를 운용하는 기관이라 할 수 있다.

연방 준비 제도는 1907년 하인즈 등의 소수의 투기꾼이 촉발한 금융 공황을 계기로 만들어졌다.

이때 공황 위기를 수습한 것은 금융인 J.P 모건이었는데 한 개인이 미국의 위기를 구한 것이다.

당시 공화당 중진이었던 넬슨 알드리치는 이런 위기가 중앙은행의 부재로 인한 것으로 판단해 중앙은행 설립을 추진했다. 알드리치는 '국가 화폐 위원회'(National Monetary Commission)라는 특별 위원회를 신설해 지급 준비 연합회(National Reserve Association)를 구상하였는데 이것이 지금 연준의 모티브가 되었다.

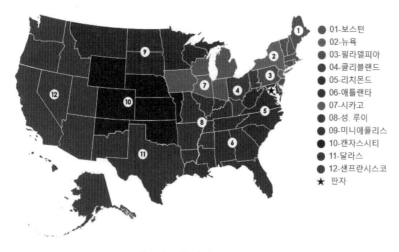

[12개로 독립된 연준 은행]
출처 : federalreserve.gov

01-보스턴
02-뉴욕
03-필라델피아
04-클리블랜드
05-리치몬드
06-애틀랜타
07-시카고
08-성. 루이
09-미니애폴리스
10-캔자스시티
11-달라스
12-샌프란시스코
★ 판자

1913년 만들어진 연방 준비 제도는 연방 준비 제도 이사회, 12개의 연준 은행, 연방 공개 시장 위원회(Federal Open market Committee, FOMC) 와 약 2,800개의 회원 은행으로 구성된 독립 기관이다. 12개의 독립된 중앙은행이 미국 전역을 12개 구역으로 나눠 각 지역 내에서 독립적으로 준비 은행(Reseve Bank)의 역할을 수행하며 연방 준비 위원회의 감시를 받아 전체적인 방향성에서는 통일된 모습을 유지하고 있다.

대다수의 국가가 단일 중앙은행에 의해 자국의 화폐를 발행, 관리하는 것과 달리 미국은 각 지역별로 연준 은행들을 두고 있는데 이는 권력이 중앙 집중화를 경계하고 연방(聯邦)이라는 미국의 원칙을 중요시하기 때문이다. 최근에는 경제 규모와 인구 등을 감안해 연방 준비 은행의 숫자를 늘리자는 논의도 진행되고 있는데 실리콘 밸리를 기점으로 새롭게 급

성장한 지역의 경제력 등을 감안할 필요가 있다는 점이 주요 근거로 제시되고 있는 상황이다.

연방 공개 시장 위원회는 1913년부터 통화 정책을 결정하는 기관이었다. 연방 준비 제도에서 준비는 영어 Reserve는 '지급 준비금'을 뜻한다. 은행들은 고객들에게 예금을 유치해 다른 개인이나 기업에 대출을 하는데 은행 입장에서 가급적 많은 돈을 대출하여 이자 수익을 늘리는 것이 수익에 도움이 된다. 그런데 예금을 모두 대출에 사용한다면 고객들이 예금을 인출할 때 돈을 인출해 주지 못하는 사태가 벌어질 수도 있다. 이런 이유로 일정 비율의 예금을 고객들의 인출 요구에 대비해 제도적으로 준비금으로 보유할 필요가 있었고 이를 '지급 준비금 제도'라고 한다. '지급 준비금'은 연준의 핵심 임무 중 하나고 연준은 정책 금리 결정 등 여러 가지 역할을 수행하고 있다.

연방 준비 제도에는 시대의 변화에 맞춰 크게 세 차례의 지배 구조 개혁이 있었다.

1914년 설립 초기 연준 이사회는 7인으로 구성되었는데 그중에 2명은 정부 측 관료인 재무 장관과 통화 감사원장이 당연직 위원으로 참여했다. 1936년부터는 재무 장관과 통화 감사원장이 당연직 위원에서 빠지며 대통령이 7인의 이사들을 지명하는 방식으로 바뀌며 재무부와 독립하게 되었다.

1935년 연준법이 개정되면서 연준의 새로운 목표인 물가 안정이 추가되었고 공개 시장 조작의 중요성이 강조되었다. 기존에는 FOMC 결정

사항에 이견이 있는 연은은 공개 시장 조작에서 빠질 수 있었지만 이후 FOMC가 결정하고 뉴욕 연은이 집행하는 내용에 무조건 따르도록 변경되었다.

1977년 최대 고용 유지와 물가 안정을 추구한다는 목표가 추가되었다.

현재의 연준은 미국 경제의 효과적인 운영과 공익을 촉진하기 위해 다섯 가지 기능을 수행하고 있다.

1. 미국 경제에서 최대 고용, 안정적인 물가 및 적당한 장기 금리를 촉진하기 위해 국가의 통화 정책을 수행.
2. 금융 시스템의 안정성을 촉진하고 미국 및 해외에서 적극적인 모니터링과 참여를 통해 시스템 위험을 최소화하고 억제.
3. 개별 금융 기관의 안전과 건전성을 촉진하고 금융 시스템 전체에 미치는 영향을 모니터링.
4. 미화 거래 및 지불을 용이하게 하는 은행 업계 및 미국 정부에 대한 서비스를 통해 지불 및 결제 시스템의 안전과 효율성을 촉진.
5. 소비자 중심의 감독 및 조사, 새로운 소비자 문제 및 동향에 대한 연구 및 분석, 지역 사회 경제 개발 활동, 소비자 법률 및 규제 관리를 통해 소비자 보호 및 지역 사회 개발을 촉진.

연준은 5개의 자문 위원회를 두고 자문 위원회는 연준 이사회를 지원하고 있다.

1. 연방 자문 위원회(FAC) : 연방 준비법에 의해 설립된 이 위원회는 은행 업계의 12개 대표로 구성된다. FAC는 법에서 요구하는 바에 따라 일반적으로 1년에 4번 이사회를 개최한다.
2. 지역 공탁 기관 자문 위원회(CDIAC) : CDIAC은 경제, 대출 조건 및 기타 문제에 대한 직접적인 통찰력과 정보를 이사회에 제공한다.
3. 모델 검증 위원회(MVC) : 은행 기관의 스트레스 테스트에 사용되는 모델을 엄격하게 평가하는 프로세스에 대한 전문적이고 독립적인 조언을 제공한다. 위원회는 MVC의 조언에 따라 스트레스 테스트의 품질을 개선하여 스트레스 테스트 프로그램에 대한 신뢰를 강화한다.
4. 커뮤니티 자문 위원회(CAC) : 저소득 및 중산층 인구의 관심사에 특히 중점을 두고 소비자와 지역 사회의 경제 상황과 금융 서비스 요구에 대한 다양한 관점을 제공한다.
5. 보험정책자문 위원회(IPAC) : 경제 성장, 규제 완화 및 소비자 보호법에 따라 국제 보험 자본 기준 및 기타 보험 문제에 대해 이사회에 정보, 조언 및 권장 사항을 제공한다.

"세계의 경제는 미국 대통령이 아닌 연준(연방 준비 제도 위원회) 의장에게 있다."는 말이 있다.

그만큼 전 세계 기축 통화인 달러를 발행을 결정하는 연준 의장이 전 세계 경제에 끼치는 영향력이 막대하기 때문이다. 사실 연준의 눈에 보이는 권한은 크지 않다. 예를 연준 이사회가 직접적으로 행사하는 권한은 '지급 준비율'을 결정하는 것밖에 없다. 하지만 연준 이사회 맴버들이 합심하면 실질적으로 과반의 투표수를 확보해 '공개 시장 조작 정책'을 결정할 수 있고 '재할인율 조정' 또한 연준 이사회의 최종 승인을 거친 후 시행되기 때문에 그 권한이 막강하다 할 수 있다. 전 세계 언론이 연준 이사회 의장인의 말 한마디 한마디와 단어를 놓치지 않고 보도하는 이유다.

연준 설립 이후 연준은 미국 내 경제 상황뿐 아니라 세계 경제에도 활발하게 개입하고 있다. 1913년 이후 아담 스미스가 말했던 '보이지 않는 손'은 이제 '보이는 손'이 되어 동작하고 있다.

2020년 3월, 코로나19가 전 세계적으로 확산되면서 미국 경제는 대폭 충격을 입었다.

연준은 금융 시장 안정을 유지하고 경제 회복을 위해 다양한 정책들을 시행했다.

첫째, 연준은 기준 금리를 내려 경제에 자금을 유입하고 활동을 장려했다. 2020년 3월 3일, 긴축 정책 회의에서는 기준 금리를 50bp 인하하여 1.00% ~ 1.25%로 낮추었고, 2020년 3월 15일에는 추가적으로 기준 금리를 100bp 인하하여 0.00% ~ 0.25%로 낮추었다. 이로 인해 기업들은 저렴한 이자율로 자금을 빌려 경제 활동을 지속할 수 있었다.

둘째, 연준은 양적 완화를 통해 시장 안정을 유지하고 금리를 억제하는 조치를 시행했다. 2020년 3월 15일, 긴축 정책 회의에서 연준은 국채매입 프로그램을 통해 7,000억 달러의 국채와 2,000억 달러의 MBS를 매입하기로 결정했다. 이런 조치로 금리는 안정되었고, 시장의 불안감은 줄어들었다.

셋째, 연준은 대출 및 유동성 지원을 강화하기로 결정했다. 2020년 3월 15일, 긴축 정책 회의에서 연준은 금융기관들에 대한 대출 조건 완화와 함께 유동성 지원을 강화하기로 결정했다. 이를 위해 긴급 대출 창구를 개설하고, 대출이 필요한 기관들에게 필요한 자금을 제공하기로 했다. 기업들은 자금을 빌리기 쉬워졌고, 경제 활동에 불필요한 제약을 받지 않을 수 있었다.

이런 조치들은 미국 경제와 금융 시장의 안정을 유지하고 경제 회복을 위해 필요한 일이었지만 코로나19의 확산이 경제에 미치는 부정적인 영향을 최소화하기 위해 연준은 적극적으로 대처했으며, 이러한 조치들은 세계 경제 전반에도 큰 영향을 미쳤다.

정부나 권력 기관이 경제에 적극적으로 개입하는 것은 위기해결을 위해 필요한 일이지만 연준이 미국의 경제 패권 유지와 세계 경제를 위기해결을 위해 지속적으로 발행한 달러는 닷컴 버블, 금융 위기, 코로나 사태 이후 유동성 축소로 인한 위기 등의 부작용을 낳았다.

2-2 닷컴 버블과 금융 위기

1990년 중후반부터 2000년 초반에 발생한 닷컴 버블과 2008년 금융 위기는 신-자유주의의 몰락으로 불리기도 한다.

누구나 닷컴 버블에 대해 한 번쯤은 들어 봤을 것이다. 1990년 중후반부터 시작된 닷컴 버블은 회사 이름에 .com(도메인 이름)만 들어가도 엄청난 투기가 벌어졌던 광란의 시장이었다.

인터넷의 폭발적 성장으로 상장된 IT 벤처 기업들의 주가는 천정부지로 뛰기 시작했다.

갓 태동한 신사업은 사람들의 이목을 끌기 충분했다. 특히 닷컴 버블의 피해가 거셌던 국가는 미국과 한국이었다.

미국의 코즈모 닷컴, 부 닷컴, 팻츠 닷컴 등 많은 벤처 기업들은 수백만 달러의 돈을 손쉽게 모을 수 있었다. 이 기업들은 투자자에게 인터넷 산업의 막대한 성장과 어마어마한 수입을 약속했다. 하지만 이상과 현실의 괴리는 컸다. 당시만 해도 느린 인터넷 속도 때문에 인터넷 기업이 제공할 수 있는 서비스는 명확한 한계가 있었고 실체가 드러난 서비스에 불신과 반감은 커져 갔다. 결국 2001년 시장의 버블이 터지며 투자자들은 5조 달러에 이르는 손실을 입었다.

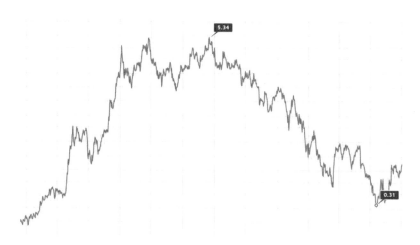

[1998년 ~ 2001년 아마존 주가 차트]

닷컴 버블이 터질 당시 지금의 전 세계 시총 1위 기업인 아마존의 주가는 2년에 걸쳐 무려 95% 하락했다. 대부분의 닷컴 기업들은 파산했으며 투자자 대부분은 큰 손실을 입었다.

1999년 한국은 1997년 외환위기 극복을 위해 코스닥 위주의 벤처 기업 육성에 힘을 쏟고 있었다. 때마침 불어닥친 인터넷과 IT 기업 열풍은 정부의 정책과 함께 불타올랐다. 드림라인, 골드뱅크, 장미디머, 메디슨, 새롬기술 등 많은 벤처 기업들의 주가가 폭등했고 닭고기 가공 유통 기업이던 하림마저 코스닥에 상장되어 있다는 이유만으로 주가가 폭등하는 기

디지털자산 메타버스의 미래

현상을 보였다. 당시 드림라인의 PER(주가 대비 수익률)은 9,999배라는 말도 안 되는 수치를 기록하기도 했고 대부분의 코스닥 기업이 몇백 배의 기업 가치를 가졌다. 일개 중소기업이 현대자동차의 시가 총액을 넘어서는 기현상을 보이기도 했다.

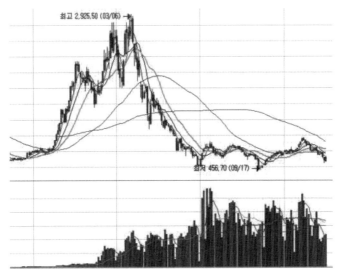

[닷컴열풍 코스닥 새롬기술 차트]
출처 : 키움증권

'새롬기술'은 1999년 당시 폭풍처럼 불었던 닷컴 열풍을 타고 '다이얼패드'란 무료 국제 전화 서비스로 주목받았다. 인터넷으로 공짜 국제 전화를 건다는 발상은 많은 네티즌과 투자자들에게 꿈을 주었다. 새롬기술의 주가는 2000년 초 액면가 대비 6백 배나 뛰어올랐고, 다이얼패드는 벤처 신화의 상징이 되었다. '전화기 100년 역사가 바뀐다.'는 이야기까지 나왔다.

지금과 달리 당시엔 국제 전화 요금이 굉장히 비싸 요금 폭탄을 맞는 일이 흔한 시절이었다. 무료로 국제 전화를 걸 수 있다는 '다이얼패드'는 사람들의 관심을 고조시켰다.

인터넷으로 공짜 국제 전화를 건다는 발상은 많은 네티즌과 투자자들에게 꿈을 주었는데 새롬기술은 수년간 적자를 내고 있었지만 투자자들의 투기 광풍이 이어지며 2000년 초 액면가 대비 6백 배나 오르며 삼성전자보다 높은 가격까지 올랐다. 새롬기술의 다이얼패드는 '전화기 100년 역사가 바꾼다.'며 벤처 신화의 상징이 되었다. 하지만 전화 사업은 기대만큼 수익이 나지 않았고 인터넷 전화 사업을 하던 미국 법인이 2001년 파산하며 새롬기술의 거품도 꺼졌다.

새롬기술의 주가는 5개월 만에 100배 넘게 상승했지만 1년 만에 고점 대비 4분의 1 토막 났다.

버블붕괴 후 대부분의 회사들은 새롬기술처럼 상장폐지 당했고 잊혀진 회사로 전락했다. 닷컴 버블을 해결하기 위해 당시 미 연준의장 엘런 그린스펀(Alan Greenspan)은 당시 6.5%에 달했던 금리를 3%로 대폭 인하했고 이후 수년 동안 역사적으로 한 번도 없던 초-저금리 저금리 정책을 유지했다.

초-저금리는 엄청난 버블을 양산했다.

사람들은 금리가 낮으니 공격적으로 투자하길 원했고 그 대상은 부동산이었다. 미국의 주택 가격은 닷컴 버블의 혼란에 영향을 받지 않았기 때문에 저금리를 이용해 투자자들이 낮은 이자로 돈을 빌리고 빌린 돈으로 집과 부동산을 구매했다. 미국의 많은 사람이 부동산에 열을 올렸고 금리가 올라도 부동산 투자의 인기는 식을 줄 몰랐다. 금융사는 부동산을 담보로 신용이 낮은 사람(서브프라임 등급)에게도 돈을 마구 빌려줬고 너도나도 서브프라임 모기지로 대출을 받아 부동산을 사들였다. 그린스펀이 2006년 임기를 마친 후에 취임한 벤 버냉키Ben Bernanke)도 그린스펀과 별다를 바 없이 저금리 기조를 유지하며 버블을 키웠다.

금융사는 심지어 여러 개 서브프라임 모기지를 모아 하나의 증권으로 만든 상품 CDO(Collateralized Debt Organization)와 CDO의 잠재적 위험에 대한 보험 상품CDS(Credit Default Swaps)까지 만들며 거품을 키워나갔다. CDO에 투자한 투자자가 CDS를 샀다면, CDO가 부도 나면 CDS를 판 기관에서 원금을 보장받을 수 있는 구조였는데 당시 미국 대표 은행이었던 리먼브라더스는 CDS를 팔며 큰 수익을 냈다.

＊ 서브 프라임 모기지
: 우량 주택 담보 대출. 2008년 당시 미국의 대출 등급은 1. 프라임, 2. 알트-A, 3. 서브 프라임 등급으로 나뉘는데, 이 중 대출 상환 능력이 가장 떨어지는 자에게 이율이 가장 높은 서브 프라임 등급을 적용했다.

＊ CDO
: 부채 담보부 증권. 여러 사람의 주택 담보 대출을 묶어서 만든 증권으로, 은행은 채무자의 저당권을 담보로 증권을 발행한다. 채무자가 대

출금을 갚으면 그 이자가 투자자에게 가는 구조이다.

금융사가 이렇게 여러 파생 상품을 찍어 내자 집값이 내려가면 다 같이 망하는 도미노식 구조가 만들어졌고 어느 순간 사람들이 더는 부동산에 투자하지 않자 위기가 시작됐다. 집값이 내려갔고 대출을 받아 투자했던 사람들은 돈을 갚지 않았으며 헐값의 담보 부동산을 은행과 금융사에 넘겼다. 여러 금융사가 어려워지자, CDS를 많이 팔았던(보증) 리먼브라더스는 6,000억 달러라는 어마어마한 빚더미에 속 결국 파산했다. 리먼브러더스 파산 이후 예금자가 9일 동안 인출한 자금은 167억 달러, 총 예금의 9%. 미국 은행 역사상 네 번째 규모 파산이다.

리먼 브라더스에서 발행한 CDS를 가장 많이 인수한 회사는 미국 굴지의 보험사 AIG였다. 당시 AIG는 130개국 이상에서 영업하며 7,400만이 넘는 개인과 법인 고객을 확보하고 있었다. AIG의 위기는 미국을 포함한 전 세계 초대형 금융회사의 위기를 의미했다. 결국 AIG가 구제 금융 결정과 함께 파산 보호를 신청하며 주식시장은 패닉에 빠졌다. 대량 실직과 주택 가압류로 이어졌고 미국 전역에서 550만 개의 일자리가 사라졌다. 900만 명이 주택을 잃게 되었고 미국 GDP 중 6,500억 달러와, 부동산과 증권 등 자산 가치 10조 달러 이상이 증발했다. 미국의 위기는 세계로 이어졌다. 월 스트리트 발 2008년 세계 금융 위기는 미국 경제만 무너뜨린 게 아니다. 미국 경제 붕괴로 인한 나비 효과로 중국은 천만 명이 실직하고 유럽은 유로존 위기를 겪었다.

디지털자산 메타버스의 미래

[서브 프라임 사태를 매우 잘 보여 주는 영화 「빅쇼트(The Big Short)」]
출처 : imdb

　2008년도 미국 금융 시장이 위태로워지자 당시 연준 의장이었던 벤 버냉키(Ben Bernanke)는 연방 기준 금리를 0.25%로 줄이고 연방 준비 은행에 수조 달러를 추가한 양적 완화책으로 알려진 전례 없는 통화 부양책에 착수했다. 최저 연준 금리가 0.25%이기 때문에 사실상 금리는 제로화 된 채로 2009년 경기 불황이 끝나고 2015년까지 8년간 유지되었다. 일단 달러를 마구 찍어 낸 다음 그 찍어 낸 달러로 파산 위기에 처해 있는 은행의 채권을 매입한 것인데 이렇게 하면서 은행들은 막대한 현금을 보유하게 되었다. 이렇게 생긴 현금은 필요한 투자처에 쓰일 수 있게 되므로 투자가 활발해져 경기를 다시 부양할 것이라는 게 벤 버냉키의 생각이었다. 서브 프라임 모기지 사태에 대한 벤 버냉키의 대안은 3차례에 걸친 현금 제공이었고 시장에는 막대한 달러 자금이 풀렸다. 현재 미국 경제가 회복된 데 벤 버냉키의 연금술이 어느정도 영향을 줬다는 것은 누구도 부정할 수 없다.

버냉키의 시행한 부양책은 경제학 용어로 양적 완화(Quantitative Easing)다.

양적 완화는 시장에 통화를 많이 공급해서 돈의 양 자체를 많게 하는 것이다.

보통 중앙은행에서 개인과 기업에게 대출을 늘리는 방법과 국가가 기업과 지방 정부의 채권을 사들이는 방법이 있다. 양적 완화는 주로 국가가 개입해 문제를 해결해야 할 만큼 시장에 큰 위기가 터졌을 때 시행된다. 큰 기업일수록 해당 기업이 무너지게 되면 개별 기업의 문제가 아닌 사회적으로 큰 영향을 미친다. 해당 기업과 관련 있는 수많은 기업의 파산으로 수많은 실업자를 양산하기 때문이다. 양적 완화를 시행하게 되면 소비와 생산이 일시적으로 좋아지고 이렇게 좋아진 경제 상황이 일정기간 유지되면 경제 회복으로 이어지기도 한다.

하지만 인위적으로 더 풀린 돈은 소비심리를 올리며 인플레이션을 일으키기도 하고 이는 투기 심리 상승으로 인한 자산 버블로 이어진다. 결국 일시적으로 서민들의 생활은 개선되지만 부가 가진 자에게 더 쏠리고 결과적으로 서민들의 삶은 더 나빠지는 양극화를 초래할 수 있다.

결국 버냉키의 양적 완화로 기대했던 대출과 투자 증가는 이루어지지 않았고 오히려 경기 침체는 더 장기화 되었고 부의 양극화는 심해져 그 고통은 서민들의 몫이 되었다.

닷컴 버블과 2008년 금융 위기를 통해 우리는 무분별한 양적 완화는 또

디지털자산 메타버스의 미래

다른 버블을 만들고 결국 버블이 터지면 더 큰 손실을 초래하는 것을 보았다. 최근 코로나 사태 이후에 진행된 양적 완화도 마찬가지다. 현재 연준 의장 파월은 가능한 빨리 금리를 정상화하려고 노력하고 있다.

2-3 반 월가 운동

닷컴 버블과 2008년 금융 위기 해결을 위한 양적 완화를 거치며 연준의 저금리 정책이 서민들의 삶을 힘들게 했다는 사실을 지적하는 사람들이 늘기 시작했다.

정치인들과 권력자들이 책임을 전가하고 있을 때 론 폴(Ron Paul) 하원 의원은 연준의 저금리 정책을 비판하며 대통령 선거에 출마했다. 론 폴은 2008년 공화당 대통령 후보 경선에서 연방 준비 제도의 초-저금리 정책에 대해 비판하며 20대들 사이에서 폭발적인 인기를 얻었다. 이 인기를 바탕으로 『End The Fed』라는 책을 출판하고 뉴욕 타임즈 베스트 셀러까지 등극하며 많은 사람에게 중앙은행 문제점을 폭로하는 데 성공했다. 론 폴의 메시지는 전국적인 움직임으로 퍼져 나갔다. 20대와 30대 등 백인 젊은이들이 다수였지만 40대와 50대 참가자들도 상당하며, 인종적, 정치적 성향, 종교도 다양했다. 연준 앞에 모인 미국인들은 다 제각기 다른 정치 성향과, 집안 배경, 인종이었지만, 진보와 보수, 흑인과 백인, 남자와 여자를 떠난 다양한 사람들이 연준을 끝내자는 하나의 목표를 위해

뭉쳤다.

대중의 분노는 시위로 이어졌다.

[오큐파이 월 스트리트 운동 시위 현장]
출처 : https://commons.wikimedia.org/wiki/File:Day_60_Occupy_Wall_Street_
November_15_2011_Shankbone_18.JPG

오큐파이 월 스트리트 운동은 월스트리트에 위치한 주코티 공원을 거
점으로 2011년 9월 17일부터 11월 30일까지 73일간 전개된 월가 점령 시
위다. 2008년 금융 위기를 촉발한 월가 금융인들이 구제 금융 받은 돈으
로 보너스 잔치를 벌이자 그들의 부도덕에 분노한 시위대가 월가 점령을
위해 모인 사건이다. 이에 호응해 전 세계적으로 탐욕스런 금융가를 규
탄하는 시위가 벌어졌고 우리나라에선 '오큐파이 여의도'란 이름의 시위

가 있었다. Fordham University 연구팀의 설문 조사에 따르면, 응답자 중의 97%가 현재의 미국 의회의 고용 정책에 대해 불신을 보였으며, 42%는 민주당을 지지하고 2% 정도는 공화당을 지지하며 나머지 44%는 무당파였다. 이와 같이 다양한 시민들이 시위에 참여하고 있지만 이들은 모두 자신이 정치적 경제적 권리를 사회의 1% 특권 계층에 빼앗긴 99%에 속한다는 점에 있어 동일한 인식을 갖고 있으며 현재 정부와 기업, 특히 은행 제도에 대한 개혁을 한 목소리로 요구하고 있었다.

시위는 기본적으로 자발적인 참여로 시작하고 운영되었으며 리더나 공식적인 조직이 없었지만 많은 지지자들의 자발적인 후원으로 진행되었다. 적게는 1달러에서 많게는 몇만 달러에 이르는 현금 후원이 이어지며 11월 말까지 60만 달러 이상이 모금되었다.

식료품, 옷가지나 슬리핑백, 도서 등의 물품 후원, 그리고 이발이나 세탁, 샤워 등의 서비스를 후원하는 이들도 줄을 이었다.

시위대가 분노한 데는 이유가 있었다. 미국 정부로부터 1,700억 달러(약 241조 원)의 구제 금융을 받은 AIG가 직원 418명에게 1억 6,500만 달러(약 2,345억 원)를 지급하는 '보너스 잔치'를 벌였기 때문이다. 메릴린치도 뱅크오브아메리카에 인수되기 전 임원에게 거액의 보너스를 지급했다는 사실이 알려지자 미국 전역이 들끓기 시작했다. 2008년 금융 위기를 일으킨 주범들이 국민의 피땀 어린 세금으로 돈 잔치를 벌인 것이다.

시위대는 "은행은 구제 금융을 받았지만 우리는 노예로 팔려 간다(Banks

디지털자산 메타버스의 미래

bailed out, we are sold out)."라는 구호를 외쳤다. 구제 금융을 통한 원조로 위기를 넘긴 일부 은행의 임직원은 경제 위기를 초래한 과실에 대한 책임을 지기보다는 오히려 엄청난 액수의 성과급을 챙겨 가는 부도덕한 모습을 보인 것에 분노한 시민들은 정부의 경제 정책 실패와 기업의 부도덕성에 대해 그들의 목소리를 내고 정부와 기업의 잘못을 바로잡기를 원했다.

이들의 행보는 언론에 대대적으로 보도되며 연준이 만들어진 지 약 100년 만에 미국 대중은 연준의 막강한 권력과 통화 정책의 부작용에 대해 알게 되었다. 미국의 행정부, 국회, 심지어 연방 대법원까지 연준을 감시할 수 없다는 사실, 연준은 정부 독점권이 부여된 민간 은행이라는 사실, 연준의 주주들이 JP모건이나 골드만삭스 같은 거대 은행이라는 사실이 드러나며 대중의 분노는 점점 커졌다.

오큐파이 월 스트리트 운동은 권력의 기존 구조에 대한 비판에서 시작되었고 민주주의의 원칙에 따라, 권력은 국민에게 속하며, 권력이 민중을 대표해야 한다는 메시지를 전달했다.
금융업계의 부정부패와 억압을 비판했고 이를 해결하기 위한 변화와 개혁이 필요하다는 메시지를 전달했다. 시민 사회의 역할이 굉장히 중요하다는 것을 보여 줬고 대중들의 인식과 평화적인 참여를 통해 참여를 통해 금융계의 부정부패와 억압에 대한 문제를 해결하고자 노력했다.

하지만 오큐파이 월 스트리트 운동은 그리 오래가지 못했다. 분노는 폭발적 힘을 가지고 있지만, 그 힘을 이어 갈 냉철함으로 전환하지 못했다. 결국 조직화되지 못했던 시위는 구심점을 잃었고 미국인들이 공화당을 대신해 선택한 오바마 대통령과 민주당은 내각을 친 월 스트리트 인사로 채웠다.

2008년 세계 금융 위기를 일으켰던 인물 중 누구도 처벌받지 않았다.

2-4 비트코인의 탄생

[더 타임즈 2009년 1월 3일 재무부 장관, 은행을 위한 두 번째 구제 금융 임박]
출처 : thetimes03jan2009.com

세계 금융 위기를 막고자 주요 국가의 중앙은행에서는 양적 완화를 통해 위기를 극복하려고 했다.

하지만 무분별한 화폐의 발행으로 화폐의 가치가 하락했고 많은 사람들이 글로벌 금융 시스템에 대한 불신을 가지기 시작했다. 누구나 신뢰할 수 있는 탈중앙화된 금융 시스템의 필요성이 부각되기 시작한 것이다.

"The Times 03/Jan/2009 Chancellor on brink of second bailout for banks"
"2009년 1월 3일 : 더 타임스, 은행들의 두 번째 구제 금융을 앞두고 있는 U.K. 재무 장관"

이 문구는 최초의 비트코인 트랜잭션에 남겨진 유명한 코멘트이며, 같은 날 런던 타임스지 1면의 실제 뉴스 헤드라인이었다. 2009년 1월 3일 나카모토 사토시는 비트코인 제네시스 블록을 발행하며 암호학으로 숨겨진 메시지를 덧붙였는데 비트코인 탄생 시점이 2008년 세계 금융 위기 직후인 2009년 1월 3일이란 점과 제네시스 블록에 숨겨 놓은 메시지를 봤을 때 비트코인 개발 배경에는 중앙은행에 의해 통제되는 무분별한 화폐에 대한 불신이 있었음을 알 수 있다.

아래는 비트코인 당시 커뮤니티 Bitcointalk.org에 사토시가 남긴 의견이다.
"기존 화폐가 지닌 근본적 문제점은 그것이 작동하기 위해서 신뢰를 필

디지털자산 메타버스의 미래

요로 한다는 것이다. 여기에는 중앙은행이 화폐 가치를 떨어뜨리지 않을 것이라는 신뢰가 필수적이다. 하지만 국가 화폐의 역사는 이 믿음을 저버리는 사례로 가득하다. 은행 또한 신뢰가 바탕이 되어야 한다. 우리가 맡긴 돈을 잘 보관하고 전자적으로 잘 전달할 것이라는 신뢰. 하지만 은행은 그 돈을 신용 버블이라는 흐름 속에 함부로 대출했다.”

사토시는 2010년을 기점으로 사라졌고 지금까지 나타나고 있지 않기 때문에 현재 금융 시스템에 대해 어떤 견해를 가지고 있는지 더 이상 알 수 없지만 위의 내용으로 보아 사토시가 중앙은행에 의해 발행되는 화폐를 비판적으로 생각했다는 점과 비트코인을 신뢰할 수 있는 화폐로 만들기 위해 노력했다는 점에서 그는 비트코인이 다음 세대 화폐가 될 거라 생각했다는 것을 알 수 있다.

비트코인 창시자 사토시 나카모토는 이런 상황을 예견하기라도 하듯 비트코인 백서의 결론에 “우리는 신용에 의존하지 않는 전자 거래시스템을 제안한다.”라고 밝혔다.

비트코인은 2008년 글로벌 금융 위기 이후 기존 화폐와 금융 시스템의 대안으로 주목받으며 지금 이 순간도 널리 쓰이고 있다.

3장

암호학과
앨런 튜링

3-1 고전 암호학

암호학(Cryptology)이란 '감춰진, 비밀의'란 뜻을 가진 고대 그리스어 크립토스(kryptós)와 '학문'이란 뜻을 가진 로지아(-logia)로 이뤄진 용어다. 비슷한 용어로 암호 기술(Cryptography)이 있는데 이는 크립토스와 '기술'이란 뜻의 그라페인(graphein)을 어원으로 한다. 암호학은 비밀 정보를 가로채려는 제삼자가 존재한다는 가정하에 제삼자로부터 비밀 정보를 지키는 안전한 통신 방법을 연구하는 학문이다.

고전시대 암호학은 로마 시대에 율리우스 카이사르(Julius Caesar)가 사용했던 알파벳 대체 암호로 평문 알파벳을 특정 거리만큼 떨어진 알파벳으로 바꾼 초보적인 형태의 단일 대체 암호다. 알파벳을 암호키(A=1, B=2, C=3, …)에 해당하는 값만큼 이동시켜 암호문으로 바꿨는데 가능한 경우의 수는 알파벳 26개 중 자신을 제외한 25가지였다.

단일 대체 암호는 초보적인 형태의 암호문이기 때문에 빈도 분석 공격을 통해 쉽게 해독이 가능했다. 알파벳에서 가장 많이 사용되는 문자는 평균적으로 E인데 E가 자주 사용되는 'THE'와 같은 단어를 추정한 후 여

디지털자산 메타버스의 미래

기에 대응하는 문자를 찾는 형태로 단일 대체 암호는 쉽게 해독되었다.

* 평문

: 누구나 이해하고 읽을 수 있는 원래의 정보.

* 암호문

: 평문을 합당하게 푸는 방법을 모르는 사람은 알 수 없고 이해하기 힘
  든 형태로 변환된 정보.

* 암호키

: 평문을 암호화하거나 암호문을 복호화하는 데 사용되는 비밀 정보.

* 암호화

: 평문을 암호문으로 변환하는 과정.

* 복호화

: 암호문을 평문으로 변환하는 과정.

* 단일 대체 암호

: 일정한 법칙에 따라 평문의 문자를 암호문의 문자에 대응시키는 방식
  의 암호.

* 빈도 분석 공격

: 단일 대체 암호를 깨기 위해 문자 빈도수를 통해 암호키를 알아내는
  방식의 공격.

단일 대체 암호의 약점인 암호문에 등장하는 알파벳 빈도가 일정하지
않다는 점을 극복하기 위해 나온 암호 체계는 문자 발생빈도를 단일화한
다중 대체 암호다.

단일 대체 암호의 경우 단순 매칭을 사용해 문자의 빈도가 암호문에 노
출되어 있었다. 다중 대체 암호는 이를 보완하고 빈도 분석을 어렵게 하
기 위해 암호문에 나타나는 문자들의 빈도를 균등하게 만들었다. 다중
대체 암호인 비제네르 암호(Vigenère cipher)는 평문 문자 x와 암호키 문
자 y를 행렬표에서 골라 x행 y열의 문자로 대체함으로써 암호키를 이용
해 단일 대체 암호를 연속적으로 적용하는 방식으로 평문에 있는 문자 빈
도를 감출 수 있었다.

오늘날 암호학은 정보 보호 분야에서 매우 중요한 역할을 하며 다양
한 연구 및 기술 발전이 이루어지고 있다. 가장 최근의 추세는 양자 암
호학이다. 양자 암호학은 양자 컴퓨터의 발전으로부터 비롯된 보안 위
협에 대해 대응하기 위해 연구되고 있다. 또한, 블록체인 기술이 대중화
되면서 암호 화폐와 관련된 보안 기술도 매우 중요해졌다. 이를 위해 블
록체인 기술과 암호학 분야가 융합되어 블록체인 보안 기술로 발전하고
있다.

블록체인 보안 기술은 그동안 중앙기관이 관리하던 사용자들의 정보를 블록체인 기반 분산 원장에 보관해 사용자 정보 보호 수준을 높일 수 있는 기술로 각광받고 있다.

3-2 난공불락 암호화 장치 에니그마

[독일군이 사용한 암호화 장치 에니그마]
출처 : https://commons.wikimedia.org/wiki/File:Enigma_%28crittografia%29_-_
Museo_scienza_e_tecnologia_Milano.jpg

디지털자산 메타버스의 미래

암호학은 1, 2차 세계대전을 통해 비약적인 발전을 이뤘다.

암호학의 역사는 전쟁의 역사와 밀접한 관련이 있다. 오늘날 개인 컴퓨터 보급과 전자 서명 일상화로 암호학이 널리 사용되기 전까지 암호학의 주무대는 전쟁터였기 때문이다. 군사 및 외교, 첩보 분야에서 중요 정보를 적에게 탈취당해 비밀이 누설되지 않으려면 정보를 송신자와 수신자만이 알 수 있는 암호문으로 바꿔야만 했다.

이때 기계적 암호 장치와 전자 장치 이용 암호 기술이 폭발적으로 발전하였는데 이 암호 장치 중에서도 끝판왕 격인 장치가 그 유명한 독일군의 "에니그마(Enigma)"다. 에니그마는 독일어로 '수수께끼'로 에니그마 발명가인 셰르비우스(scherbius)가 작명하였다. 셰르비우스의 아이디어는 암호화 패턴의 반복을 피하고 사용 가능한 열쇠의 수를 늘리는 방식이었다. 셰르비우스는 1918년 에니그마의 특허를 출원하며 상업용과 군사용 두 가지 모델을 만들다. 당시 한 대 가격이 약 2만 파운드에 달해 높은 가격 때문에 초기에는 잘 팔리지 않았다. 에니그마는 다중 대체 암호를 더욱 복잡하게 생성할 수 있도록 고안된 암호 장치였다. 예전에는 암호문을 작성하려면 연필로 종이에 암호문을 써야 했다. 하지만 에니그마는 파이핑을 하듯 평문을 입력하면 자동으로 암호문이 출력되는 당시로는 획기적인 발명품이었다. 셰르비우스의 아이디어는 암호화 패턴의 반복을 피하고 사용 가능한 열쇠의 수를 늘리는 방식이었다.

에니그마는 2차 세계 대전 당시 독일군이 다중 대체 방식 암호문을 생성하기 위해 본격적으로 사용되었다. 1차 세계 대전 당시 독일군 암호 체계는 연합군에 의해 이미 해독되고 있었고 독일군은 이 사실을 전쟁이 끝나고 한참 뒤에야 알게 되었다. 이는 독일군에게 엄청난 충격이었는데 이 일을 계기로 독일군은 에니그마를 구매해 사용하기 시작했다. 이후 에니그마는 독일군의 주력 암호문 장치로 사용되어 독일군에만 3만 대 이상 팔렸다. 에니그마는 철통 보안 속에 24시간마다 암호 체계가 바뀌기까지 하니 연합군 입장에선 암호 해독에 어려움을 겪었다.

3-3 앨런 튜링 : 암호학의 아버지

이후 에니그마는 잉글랜드의 수학자이자 과학자 앨런 튜링(Alan Mathison Turing)에 의해 해독되게 된다. 앨런 튜링은 컴퓨터의 이론적 기초를 제시, 현대 컴퓨터 과학 발전과 인공 지능 연구부터 암호학에 이르기까지 많은 분야 지대한 영향을 끼친 인물이다.

오늘날 우리가 사용하는 컴퓨터는 폰 노이만 구조로 이뤄져 있는데 그 기초는 튜링(Turing)에서 비롯됐다. 그 공로로 오늘날 우리가 사용하는 컴퓨터 과학 용어 중 튜링의 이름이 들어간 것이 많다. 모두 후대 과학자들이 튜링을 기리기 위해 붙인 것이다.

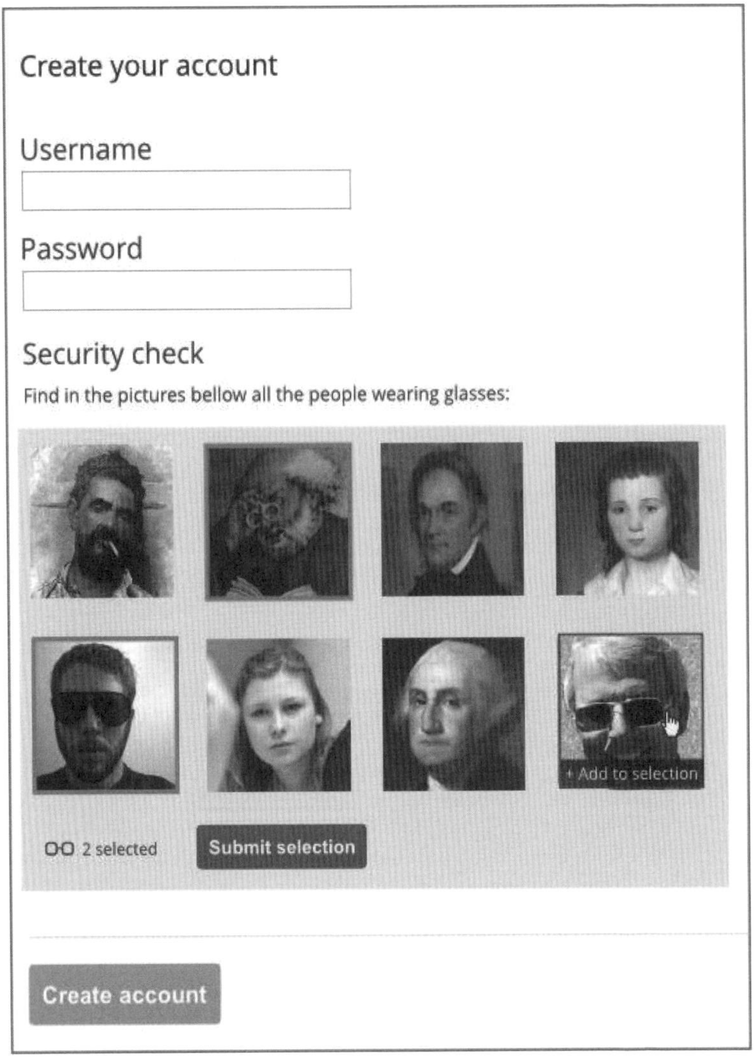

[CAPTCHA 이미지]
출처 : wikimedia.org

* CAPTCHA

: Completely Automated Public Turing test to tell Computers and Humans Apart, 완전 자동화된 사람과 컴퓨터 판별 테스트. 인터넷에서 스팸 소프트웨어의 자동 계정 활성화를 방지하기 위해 일련의 복잡한 패턴을 이용하여 사용자가 사람인지 기계인지를 테스트하는 방법.

'이미테이션 게임'이라 부르기도 하는 '튜링 테스트'는 1950년 앨런 튜링의 논문에 처음 등장한 개념이다. 기계가 인간과 얼마나 비슷하게 대화할 수 있는지를 기준으로 기계에 지능이 있는지 판별하는 시험인데 우리가 로그인 시 자주 접하는 reCAPTCHA는 이 튜링 테스트의 일종으로 인간과 스팸봇을 구분할 수 있는 방법이다.

튜링 머신은 오늘날 컴퓨터의 시초가 되는 개념으로 수학적 계산 모형을 가진 가상 기계다.
튜링 머신은 테이프(Tape), 헤드(Head), 상태 기록기(State register), 행동표(Action table)로 이뤄져 있다.

* 테이프(Tape)

: 일정한 크기의 셀(Cell)마다 숫자, 알파벳 등의 기호가 기록되어 있으며, 테이프 길이는 필요에 따라 무한으로 늘어날 수 있다.

* 헤드(Head)

: 이동 가능하며 테이프의 특정한 셀을 읽는 역할을 합니다. 반대로 헤

드는 고정되어 있고 테이프가 이동하는 방식도 가능하다.

*** 상태 기록기(State register)**
: 튜링 머신의 현재 상태를 기록하는 역할을 한다.

*** 행동표(Action table)**
: 특정 상태에서 특정 기호를 읽었을 때 해야 할 행동을 지시한다.

앨런 튜링의 튜링머신은 폰 노이만(John von Neumann)에 의해 지금의 컴퓨터로 구현되었다.

폰 노이만은 1937년 당시 아직 컴퓨터라는 개념이 없었을 때 최초의 전자식 컴퓨터를 발명한 과학자이다. 그 당시에는 기계식 계산기를 사용하여 연산을 수행하는 것이 일반적이었지만, 폰 노이만은 이러한 기계의 한계를 극복하기 위해 전자 기술을 활용하여 컴퓨터를 만들어 냈다.

폰 노이만이 발명한 컴퓨터는 덧셈, 뺄셈, 곱셈, 나눗셈 등의 기본적인 연산을 수행할 수 있었으며, 이는 당시에는 혁신적인 기술로 인정받았다. 그러나 이 컴퓨터는 아직 전자관 기술을 사용하였기 때문에 크기가 크고 매우 불안정한 문제점을 가지고 있었다. 이후 컴퓨터는 발전된 반도체 기술의 등장으로 컴퓨터의 크기는 작아지고 안정성도 향상되었다.

폰 노이만의 컴퓨터 발명은 현재의 컴퓨터 기술 발전의 시작점이 되었으며, 그의 기여는 무시할 수 없는 큰 의미를 가지고 있다. 그리고 그 배경엔 앨런 튜링과 암호학이 있었다.

3-4 튜링 머신 봄브

    에니그마로 정보 통신의 우위를 점한 독일은 독일은 삽시간에 폴란드를 함락하고 전 유럽을 지배하기 위한 진군을 시작했다. 다음 목표는 프랑스와 영국이었는데 이러한 엄중한 상황 속에 영국 과학자들은 에니그마의 비밀을 풀기 위해 영국 정부 암호 학교 GC&CS(UK Goverment Code and Cypher School)로 하나둘 모였다.

    1939년 9월 영국 정부 암호학교에서 에니그마를 해독하는 HUT(막사) 8의 책임자가 된 앨런 튜링은 암호 해독팀에 필요한 전문가들을 구성해 곧바로 에니그마 해독 장치 제작에 들어갔다. 이 전문가들 중엔 언어학자들도 포함돼 있었는데 튜링은 이들을 해고하고 수학자 위주로 팀을 꾸렸다. 튜링은 에니그마 암호를 사람이 해독하는 것이 아니라 매우 빠른 계산이 가능한 장치가 해독할 수 있다고 믿었는데 영국 정부 입장에서는 방독면을 쓰고 자전거로 출근하는 이 괴상한 남자가 미심쩍었지만, 일단 책임자를 맡긴 이상 전권을 주기로 했다.

사실 1차 세계대전 이전까지만 해도 암호 해독은 주로 언어학자의 영역이었다.

　이전 암호 체계는 단순히 평문 알파벳을 암호키를 이용해 다른 알파벳으로 대체하는 기법이었기 때문에 언어학만으로도 충분히 해독 할 수 있었기 때문이다. 허나 종이와 펜으로 작성하던 암호가 기계 장치로 작성하는 암호로 바뀌며 양상은 달라졌다. 수학자들이 전문가로 등장한 것이다. 특히 1932년 폴란드 암호국에서 고용한 수학자들이 에니그마 암호를 처음으로 해독하며 암호 해독은 완전히 수학의 영역으로 넘어왔다. 이후 현대 암호학은 수학 정수론의 영향을 받아 급격히 발전했다.

　에니그마도 수학정수론을 사용했다.

　에니그마는 회전자와 배전반을 이용해 평문을 암호문으로 바꾸는 경우의 수. 즉 암호키를 천문학적으로 생성할 수 있는 장치였는데 그 경우의 수는 무려 158,962,555,217,826,360,000가지였다. 이렇게 많은 암호키를 이용해 암호문을 생성했기 때문에 암호문에서 암호키 반복 주기를 간파하는 것은 어려웠다. 거의 무한대에 가까운 암호키가 생성됐기 때문이다.

　튜링은 에니그마가 이전까지의 고전적 암호 해독 기법을 무력화시키는 암호 장치란 것을 간파했고 에니그마를 분석해 해독된 메시지 상당수가 특정한 양식을 따르고 있음을 알아차렸다. 이런 관련성이 있는 조합을 crib(크립)이라고 했는데 튜링은 크립을 이용해 에니그마로 작성된 암호문을 해독할 수 있다고 확신했다. 하지만 이것을 사람이 푸는 것은 불가능했다. 하지만 튜링은 많은 경우의 수를 빠르게 계산할 수 있는 초고속 계산기를 만든다면 가능할 것이라고 생각했고 10만 파운드를 지원 받아 연구에 매진했다.

당시 튜링에겐 많은 조력자가 있었는데 에니그마를 처음 해독했던 1932년 폴란드 수학자 레예프스키(Marian Rejewski)와 같은 수학자였다. 하지만 이후 독일군은 전쟁이 임박한 1938년 12월 15일 에니그마 회전자를 5개로 늘리고 3개를 선택하는 방식을 채택하며 기존 해독법은 무력화했다. 튜링은 1939년 7월 25일 그동안 자신들이 모은 모든 에니그마에 대한 자료와 암호 해독 기술을 영국에게 남겨 두어 폴란드 암호학자들의 지원도 아끼지 않았다. 또 침몰하는 독일 해군 유보트에 목숨을 걸고 들어가 에니그마를 가져온 영국 수병, 매일 입수한 독일 통신문을 가져다 준 첩보원, 전쟁 동안 함께 초고속 계산기 제작에 매진한 HUT 막사 8 팀원 등 모두가 에니그마의 비밀을 풀기 위해 노력하였다.

[암호 해독 장치 봄브(Bombe)]
출처 : https://picryl.com/media/bombe-fa96af

튜링은 마침내 초고속 계산기를 완성했다.

이 계산기는 폴란드 암호국에서 사용했던 암호 해독 장치 봄브(Bombe)의 이름을 그대로 썼다.

첫 번째 봄브는 1940년 3월에 완성이 되었는데 예상보다 동작 속도가 느려 특정 문제를 푸는 데 1주일이나 소요되었다. 이후 효율을 높이기 위한 개선작업이 지속되었고 5개월이 지난 8월 8일 새로운 봄브가 완성되었고 독일군의 암호문을 빠른 시간 안에 다시 해독할 수 있게 되었다. 이후 18개월 동안 15대의 Bombe가 추가로 생산되어 암호문 해독에 사용되었다. 이 장치는 3년 전 튜링이 「연산 가능한 수들에 관하여」란 논문에서 제시했던 보편 만능 기계였는데 테이프, 헤드, 상태 기록기, 행동표로 이뤄진 기계 장치 즉 '튜링 머신'의 최초 형태였다.

봄브는 사람 대신 쉬지 않고 일하는 암호 해독기로서 엄청난 활약을 했다.

봄브의 등장으로 천문학적으로 많은 경우의 수를 생성하고 24시간마다 암호 체계가 바뀌는 에니그마에 대항할 수 있게 된 것이다. 매일 오전 6시 입수한 독일군 통신문을 단서로 봄브는 사람이 일일이 수행할 때보다 비교할 수 없는 속도로 많은 경우의 수를 계산했다. 그날 그날의 에니그마 암호문을 해독할 수 있게 된 것이다.

드디어 에니그마의 비밀이 풀리게 된 순간이었다.

영국은 독일과의 전쟁 동안 독일군의 에니그마 해독에 성공했다는 사실을 철저히 숨겼고 종전이 된 이후에도 한동안 비밀을 유지했다.

앨런 튜링과 블레츨리 파크의 업적은 계속 비밀에 붙여졌고, 영국의

디지털자산 메타버스의 미래

암호 해독 업무는 런던에 신설된 정보 통신 본부(GCHQ)로 공식 이관되었다. 블레츨리 파크에 대한 비밀은 영국 정부에서 군사 기밀을 해제한 1975년 세상에 알려졌다.

역사학자 칸(David Kahn)은 에니그마 암호문 해독이 종전을 2년 앞당기고 1,400만 명의 목숨을 구했다고 평가했다. 이후 이어진 전쟁 동안 튜링은 에니그마 발전에 발맞춰 뉴 봄브와 독일 최고 사령부 보안 통신기인 로렌츠 체계 해독을 목표로 최초의 프로그래밍 가능 디지털 컴퓨터 콜로서스(Colosuss)도 개발했고 연합군은 1944년 노르망디 상륙 당시 봄브와 콜로서스의 활약으로 히틀러와 독일 수뇌부 작전을 완벽하게 파악할 수 있었다. 봄브와 콜로서스는 연합군이 나치로부터 유럽 대륙을 탈환하는 데 어느 전쟁 영웅 못지않은 큰 공을 세웠다.

튜링이 창안했던 튜링 머신은 오늘날 컴퓨터 형태로 발전했고 군사 영역에서 연구되던 암호학은 컴퓨터의 탄생으로 민간 영역으로 확장됐다. 오늘날 암호학이 암호 화폐, 블록체인, 정보 보호, 전자 서명 등 광범위한 분야에서 쓰이게 된 것엔 앨런 튜링이라는 불세출의 암호학자가 있었다.

4장

비트코인
A Peer-to-Peer Electronic Cash System

4-1 비트코인 이전의 암호 화폐

비트코인이 탄생하기까지는 이전 세대 선구자들의 수많은 시도와 실패가 있었다.

PayPal을 제외한 거의 모든 전자화폐 시스템은 역사 속으로 사라졌지만 비트코인에 사용되는 기술은 1980년대부터 초기 암호학자들의 노력으로 이뤄진 산물이다. 기존의 틀을 깨고 도전한 선구자들이 있었기에 지금의 대중화된 암호 화폐가 있는 것이다.

대표적인 암호 화폐 비트코인을 이해하기 위해서는 암호 화폐의 역사를 아는 것이 중요하다.

암호 화폐는 암호학의 발전과 개인 정보 보호가 사회에 긍정적 변화를 일으킨다고 믿는 사이퍼 펑크(cypher punk) 운동에서 파생되었고 초기 암호 화폐 기여자의 다수는 이 운동의 구성원이다.

사이퍼 펑크 운동은 "약자에게 프라이버시를, 강자에게 투명성을."이라는 사이퍼 펑크 선언문으로 정의된다. 사이퍼 펑크 운동은 "타인의 간섭과 통제로부터 자유로울 권리인 프라이버시를 추구하며 동시에 이를 보장하기 위해 대규모 감시와 검열에 저항하는 것"이다. 그러나 전자 시대의 열린 사회에선 정보가 곧 돈이자 권력이고 정보를 독점하기 위해 국가와 기업을 비롯한 거대 기관은 물불을 가리지 않는다. 때문에 정보의 독점이 가속화 될수록 약자는 더욱 정보로부터 소외되고, 강자는 더 많은 정보에 접근할 힘을 가지게 되는 것이다. '조지 오웰'의 소설 『1984』나 '윌 스미스' 주연의 영화 「에너미 오브 스테이트」처럼 감시와 검열이 일상이 되는 디스토피아적인 세계가 미래가 될지도 모른다. 미래가 우리의 바람처럼 항상 긍정적인 방향으로 가는 것은 아니다. 오히려 역사가 우리에게 주는 교훈은 그 반대인 경우가 많다.

사이퍼 펑크가 우리에게 던지는 또다른 메시지는 대규모 감시와 검열에 저항하는 도구로써 '암호 기술'을 적극적으로 사용하자는 것이다. 이 메시지를 적극 실천한 사람이 우리가 익히 알고 있는 '줄리언 어산지', '에드워드 스노든', '나카모토 사토시' 같은 사이퍼 펑크 전사들이었다. 이들은 아마도 감시와 검열이 일상이 되는 사회를 우려해서 적극적인 행동에 나선 것이 아니었을까? 이후 줄리언 어산지, 에드워드 스노든은 정부의 수배를 피해 망명했고, 나카모토 사토시는 스스로 사라지는 길을 택했다. 이들에게 프라이버시란 가치는 자신의 인생을 던질 만큼 소중한 것이었기에, 이들은 위험을 무릅쓰고 행동에 나섰다. 대신 우리는 '위키리크스', '비트코인', 그리고 '국가의 감시에 대한 진실'을 얻게 됐다.

사이퍼 펑크 선언문에 나온 하나의 예시로서 '익명 거래 시스템'이 있다. 사이퍼 펑크 선언문이 나온 1993년으로부터 16년이 지난 2009년. 우리는 이 익명 거래 시스템을 가능케 할 암호 기술을 마침내 가지게 되었다. 바로 '블록체인'이란 분산 원장 기술이다. 중앙 권력의 감시와 통제로부터 자유로운 'P2P 익명 거래 시스템'을 가지게 된 것이다. 이 '블록체인'이란 놀라운 기술을 통해서 말이다. 사이퍼 펑크가 그렇게 집요하게 원하던 '익명 거래 시스템'이 드디어 '비트코인'을 통해 구현되었다.

"Bitcoin is the real Occupy Wall Street." 2017년 12월 15일 비트코인이 연일 고점을 갱신하며 한창 주목을 받고 있을 때 위키리크스의 창립자 줄리언 어산지가 올린 트윗이다. 전직 해커이며 국가의 검열로부터 자유로울 개인의 권리를 추구하는 사이퍼 펑크 운동 선구자인 줄리언 어산지는 비트코인이 진정한 오큐파이 월 스트리트 운동이라며 추켜세웠다.

[디지캐시(DigiCash) 데이비드 차움(David Chaum)]
출처 : https://commons.wikimedia.org/wiki/File:Web_Summit_2018_-_
MoneyConf_-_Day_2,_November_7_HM1_7039_%2845716168732%29.jpg

디지캐시(DigiCash)

1981년 데이비드 차움(David Chaum)은 「추적할 수 없는 전자 메일, 발신인 주소, 디지털 가명(Untraceable Electronic Mail, Return Addresses, and Digital Pseudonyms)」이라는 논문을 발표했다. 차움은 이 논문을 기반으로 1989년 디지캐시라는 최초의 암호 화폐를 개발했다.

디지캐시를 사용하기 위해서 사용자가 디지캐시를 구매해야 했는데 구매한 디지캐시는 일회성 번호를 생성했고 일회성 번호는 거래 완료 후에는 폐기되며 재사용이 불가능했다.

실제 디지캐시로 10달러 미만의 소액 결제가 이뤄졌으며 미국 일부 은행은 디지캐시를 활용하기도 했다. 그러나 당시 암호 화폐의 난해한 개념과 암호 화폐를 주고받기 위한 인터넷 환경이 대중화되지 못해 사장되었다. 그러나 디지캐시에 사용된 메시지 내용을 감추고 참여자 유효성은 증명하는 은닉 서명(blind signatures) 개념은 오늘날 공개 키(public key)의 형태로 주요 암호 화폐에 사용되고 있다.

해시캐시(HashCash)

1997년 아담 백(Adam Beck)은 스팸 메일과 DDoS 공격을 방지하기 위한 POW(proof-of-work 작업 증명) 기반 해시캐시를 개발했다. 해시캐시는 이메일 헤더(Header)에 POW로 생성된 토큰을 추가해 메일 수신자에 따라 고유 값을 갖게 함으로 중개자 검증 없이 유효성을 확인할 수 있는 탈중앙 시스템을 만들었다. 해시캐시는 이메일 발송 시간을 늦추는 것으로 스팸을 방지했다. 이메일 송신자는 수신자가 이메일을 받을 때까지 일정한 계산 작업을 수행해야 했다. 이 작업은 해시 함수를 사용하여 수행되며, 이를 통해 이메일 송신자가 실제로 작업을 수행했는지 증명할 수 있었다. 해시캐시는 네트워크 과부하 증가에 따른 확장성(scalability) 문제를 겪은 후 영향력을 잃었지만 해시캐시에서 사용된 POW는 1년 뒤 나온 비머니의 토대가 되었다.

비머니(B-Money)

1998년 웨이 다이(Wei Dai)는 'B-Money 익명의, 분산된 전자 캐시 시스템'(B-Money Anonymous, Distributed Electronic Cash System) 논문을 발표해 암호학 커뮤니티의 주목을 받았다. 비머니는 오늘날 암호 화폐 합의 알고리즘으로 쓰이는 POW와 POS(proof-of-stake 지분 증명) 방식을 제시했으며 탈 중앙 네트워크를 이용한 익명 전송과 자동 거래 기능을 만들었다. 비머니는 계산이 어려운 문제에 답을 제출하면 화폐가 발행되는 시스템이었다. 발행되는 화폐의 양은 문제 난이도에 비례했으며 난이도는 네트워크 참여자의 투표로 결정됐다. 비머니는 실제 상용화되지 못했지만 웨이 다이가 발표한 기술은 미래 암호 화폐 시장에 엄청난 영향을 줬다.

비트 골드(Bit Gold)

1998년 암호 화폐 지지자였던 닉 스자보(Nick Szabo)는 비트골드를 통해 비트코인이 쓰는 POW를 구현했다. 비트코인이 비트골드의 개념을 많은 부분 차용했다는 점에서 스자보는 여러 번 비트코인 창시자 사토시 나카모토로 지목받았다. 하지만 스자보는 "나는 사토시가 아니다."라고 공개적으로 부인한 상태다. 시간이 지나 비트코인은 비트골드가 해결할

디지털자산 메타버스의 미래

수 없던 이중 지불(Double Spending 디지털 화폐 환경에서 동일 금액이 두 번 지불될 수 있는 리스크) 문제를 블록 검증 과정을 추가해 해결했다.

비트코인과 블록체인 기술은 이 모든 업적을 집대성한 기술이라 할 수 있다.

물론 앞선 실패처럼 비트코인 역시 역사 속으로 사라질 수도 있을 것이다. 그러나 두려워할 필요는 없다. 비트코인이 그동안의 업적을 유산으로 물려받았듯, 비트코인 이후 암호 화폐 또한 그 유산을 물려받고 있고 이런 역사는 계속될 것이다.

4-2 비트코인
A Peer-to-Peer Electronic Cash System

Bitcoin: A Peer-to-Peer Electronic Cash System

Satoshi Nakamoto
satoshin@gmx.com
www.bitcoin.org

Abstract. A purely peer-to-peer version of electronic cash would allow online payments to be sent directly from one party to another without going through a financial institution. Digital signatures provide part of the solution, but the main benefits are lost if a trusted third party is still required to prevent double-spending. We propose a solution to the double-spending problem using a peer-to-peer network. The network timestamps transactions by hashing them into an ongoing chain of hash-based proof-of-work, forming a record that cannot be changed without redoing the proof-of-work. The longest chain not only serves as proof of the sequence of events witnessed, but proof that it came from the largest pool of CPU power. As long as a majority of CPU power is controlled by nodes that are not cooperating to attack the network, they'll generate the longest chain and outpace attackers. The network itself requires minimal structure. Messages are broadcast on a best effort basis, and nodes can leave and rejoin the network at will, accepting the longest proof-of-work chain as proof of what happened while they were gone.

1. Introduction

Commerce on the Internet has come to rely almost exclusively on financial institutions serving as trusted third parties to process electronic payments. While the system works well enough for most transactions, it still suffers from the inherent weaknesses of the trust based model. Completely non-reversible transactions are not really possible, since financial institutions cannot avoid mediating disputes. The cost of mediation increases transaction costs, limiting the minimum practical transaction size and cutting off the possibility for small casual transactions, and there is a broader cost in the loss of ability to make non-reversible payments for non-reversible services. With the possibility of reversal, the need for trust spreads. Merchants must be wary of their customers, hassling them for more information than they would otherwise need. A certain percentage of fraud is accepted as unavoidable. These costs and payment uncertainties can be avoided in person by using physical currency, but no mechanism exists to make payments over a communications channel without a trusted party.

What is needed is an electronic payment system based on cryptographic proof instead of trust, allowing any two willing parties to transact directly with each other without the need for a trusted third party. Transactions that are computationally impractical to reverse would protect sellers from fraud, and routine escrow mechanisms could easily be implemented to protect buyers. In this paper, we propose a solution to the double-spending problem using a peer-to-peer distributed timestamp server to generate computational proof of the chronological order of transactions. The system is secure as long as honest nodes collectively control more CPU power than any cooperating group of attacker nodes.

[비트코인 : 개인 간 전자화폐 시스템]
출처 : bitcoin.org]

1989년 데이비드 차움(David Chaum)의 디지캐시(DigiCash)부터 1998년 닉 스자보(Nick Szabo)의 비트 골드(Bit Gold)까지 암호 화폐는 여러 도전을 하며 발전했지만, 소수 인물과 커뮤니티에서만 논의될 뿐 큰 관심을 끌지는 못했다.

비트코인은 블록체인 기술을 기반으로 만들어진 암호 화폐이며, 중앙은행 없이 P2P 네트워크를 통해 개인들 간에 자유로운 금융 거래를 할 수 있도록 설계된 암호 화폐다.

2008년 10월 사토시 나카모토라는 필명을 쓴 가명의 인물(혹은 그룹)이 「Bitcoin : A Peer-to-Peer Electronic Cash System(비트코인 : 개인 간 전자화폐)」이라는 논문을 발표했다.
사토시는 이 논문에서 중앙화된 금융 기관을 거치지 않고도 온라인에서 P2P(Peer-to-Peer 개인과 개인 간 거래) 거래가 가능하다고 밝혔다. 이 생각은 기존의 전통적 화폐 개념을 바꾸는 혁신이었다. 지난 암호 화폐의 성과를 종합한 비트코인 논문은 이후 '비트코인 백서'로 불리며 암호화폐 역사상 가장 중요한 문건으로 기록되고 있다.

비트코인은 2008년 비트코인 백서 발표 4개월 후인 2009년 1월 3일 구현되었다.
3만 라인으로 이뤄진 비트코인 코드로 비트코인 블록체인 첫 번째 블록을 만들어졌으며 사토시 나카모토가 채굴을 통해 50BTC를 얻었다. 비트코인 최초의 블록이 탄생한 순간이었다. 사토시는 다음날 C++로 만들어진 비트코인 소스 코드를 다수 사람에게 이메일로 배포했으며 1월 12일 전송 테스트를 위해 할 피니(Hal Finney)에게 10BTC를 보냈다.

비트코인의 화폐 단위는 BTC로 표기하며 1BTC 미만의 단위는 비트코인의 창시자 사토시 나가모토의 이름에서 따온 사토시(satoshi)라 부른다. 비트코인의 총 발행량은 2140년까지 총 2,100만 개로 정해져 있으며, 무분별하게 발행될 수 있는 종이 화폐와 달리 제한된 양의 화폐를 발행함으로써 더 큰 가치를 얻을 수 있도록 설계되었다.

기존의 탈중앙화 시스템의 기술적 문제점인 이중 지불 및 비잔틴 장군 문제를 합의 알고리즘인 작업 증명(Proof-of-Work)알고리즘을 통해 해결하였으며, 네트워크에 더욱더 많은 기여를 한 구성원에게 더 큰 '보상'을 줌으로써 선의의 경쟁을 통해 더 많은 사용자들이 네트워크에 기여하고 일할 수 있는 환경을 제공하고 있다.

[비트코인 모양의 주화]
출처 : https://commons.wikimedia.org/wiki/File:Bitcoin_%2838461156880%29_%28cropped%29.jpg

디지털자산 메타버스의 미래

2008년 발표되고 2009년 구현된 비트코인은 대중화된 최초의 암호 화폐다.

비트코인 탄생은 암호 화폐 역사의 이정표로 비트코인은 현재까지도 암호 화폐의 대명사로 인정받고 있다. 비트코인 이후의 모든 암호 화폐는 비트코인을 기반으로 만들어졌다.

비트코인의 등장 이후 다양한 암호 화폐와 플랫폼들이 개발되기 시작하였고 현재까지 많은 기업들이 블록체인 기술을 활용한 서비스 개발에 집중하고 있다.

1. 암호 화폐

가장 대표적인 블록체인 기술 활용 서비스는 암호 화폐다. 블록체인 기술을 활용하여 거래 내역을 분산화된 네트워크에 기록함으로써 중앙기관이나 중개인 없이 거래가 이루어질 수 있다. 암호 화폐는 세계 각국에서 활용되고 있으며, 우리나라에서도 최근에는 국내외에서 물류, 금융, 유통 등 다양한 분야에서 활용이 증가하고 있다.

2. 스마트 컨트랙트

블록체인 기술을 활용하여 스마트 컨트랙트를 구현할 수 있다. 스마트 컨트랙트는 계약 내용을 언제 어디서나 안전하게 보관하고, 계약 조건이 충족되면 자동으로 계약이 실행되도록 하는 기술이다. 스마트 컨트랙트는 금융, 금속, 에너지 등 다양한 분야에서 활용될 수 있으며, 계약의 투명성과 신뢰성을 높일 수 있다.

3. 분산형 클라우드 스토리지

블록체인 기술을 활용하여 분산형 클라우드 스토리지를 구현할 수 있다. 분산형 클라우드 스토리지는 중앙 서버가 아닌 블록체인 네트워크상에 데이터를 저장하며, 이를 통해 높은 보안성과 안정성을 제공한다. 블록체인 기술을 활용하여 데이터의 안전성을 높일 수 있으며, 클라우드 스토리지 서비스를 제공하는 기업들도 이를 활용하여 보다 안전하고 신뢰성 높은 서비스를 제공할 수 있다.

4. 유통 관리

블록체인 기술을 활용하여 식품 유통 과정을 투명하게 관리할 수 있다. 생산부터 유통까지 전 과정을 블록체인상에 기록함으로써 소비자는 제품의]
출처와 생산 과정을 확인할 수 있으며, 위조품 등의 문제를 예방할 수 있다. 식품 유통 관리 분야에서 블록체인 기술을 활용하여 식품 안전성을 높이고, 소비자의 식품에 대한 불안감을 감소시킬 수 있다.

5. 투표 시스템

블록체인 기술을 활용하여 보안성이 높은 투표 시스템을 구현할 수 있다. 블록체인상에 투표 정보를 저장함으로써 위·변조를 방지하고, 결과를 빠르게 확인할 수 있다. 블록체인 기술을 활용한 투표 시스템은 선거, 선출, 투표 등 다양한 분야에서 활용될 수 있으며, 높은 신뢰성과 안정성을 제공한다.

비트코인은 단순히 암호 화폐의 기능만을 제공하는 것이 아니라 새로운 패러다임의 시작을 알린 기술 이상의 철학이라 할 수 있다. 블록체인 기술은 앞으로 더욱 다양한 분야에서 활용될 것으로 예측되며, 이를 활용하는 기업 및 개인들이 더욱 성장하게 될 것이다.

4-3 작업 증명과 보상 메커니즘

    모든 화폐는 많은 사람의 사용과 신용으로 가치를 유지한다.

    대표적 화폐인 법정 화폐는 국가 관리하에 중앙은행이 발행하며 국민이 믿고 사용해 가치가 유지된다.

    만약 국민이 국가 화폐를 신뢰하지 못하면 어떻게 될까? 신뢰를 잃은 대표적인 나라는 베네수엘라다. 베네수엘라는 현재 세계에서 가장 심각한 인플레이션을 겪고 있는 국가 중 하나다. 이로 인해 국민들은 상품 구매에 어려움을 겪고, 식량 부족과 전력 부족 등의 문제가 발생하고 있다. 인플레이션은 통화량이 증가함에 따라 물가가 상승하는 현상을 말한다. 베네수엘라 정부는 통화를 과도하게 발행하고, 경제적인 불황으로 인한 화폐 가치 하락으로 인플레이션 문제가 심각하게 발생하고 있다. 특히 2018년에는 베네수엘라의 연간 인플레이션이 1,000,000%에 이르렀고 이는 세계 최고 수준으로, 국민들은 상품을 구매할 수 없는 상황에 이르렀다.

    베네수엘라 정부는 이 문제를 해결하기 위해 통화의 발행을 줄이고, 인플레이션을 억제하기 위해 정책 금리를 인상하는 등의 조치를 취했지만 정책의 효과는 미미했고 인플레이션 문제는 여전히 심각한 수준에 있다. 이러한 상황은 베네수엘라의 경제 상황을 악화시키고, 국민들의 일상 생활에도 영향을 미치고 있다. 상품의 가격 상승으로 인해 국민들은 식량 부족과 전력 부족 등의 문제를 겪고 있다. 반면 미국은 수차례 양적 완화를 통해 막대한 달러를 풀었지만 초강대국이라는 지위와 미연준에 대한 신뢰로 달러 가치를 유지하며 세계에서 가장 안정적인 화폐로 쓰이고 있다.

그렇다면 암호 화폐 비트코인은 지금까지 어떻게 가치를 유지했을까? 답은 작업 증명과 보상이다. 탈중앙화된 금융 거래시스템인 비트코인 네트워크는 중앙에서 관리 감독하는 기구나 서버가 없다. 그렇기 때문에 기존의 중앙에서 관리하던 서버 역할을 대체할 수 있는 노드(Node)들이 필요하다. 비트코인 네트워크에 연결된 수많은 노드들 중 누군가는 비트코인 거래 내역을 기록하고 검증해야 하며 검증된 거래 내역을 블록에 담아 공유해야 한다. 그리고 악의적인 사용자에 의해 잘못된 거래 기록이 담긴 블록이 전파되는 것을 방지하기 위해 새롭게 생성된 블록에 대해 유효성 검증이 실시간으로 이루어져야 하여 이런 것들을 모드가 담당한다.

각 노드들은 컴퓨팅 자원을 소모해 노드의 역할을 수행한다. 그런데 만약 아무런 인센티브 없이 컴퓨팅 자원을 공유하라고 하면 어떻게 될까? 누구도 선뜻 나서서 보상이 없는 일을 하지 않을 것이다. 그래서 비트코인 네트워크는 새로운 블록을 생성하고 전파한 노드들에게 보상으로 비트코인을 지급하는 인센티브 제도가 있다. 이렇게 노드들이 작업을 통해 보상을 얻는 행위를 작업 증명 혹은 '채굴'이라고 한다.

비트코인이 유지되려면 누군가는 비트코인 블록체인 블록에 내용을 기록하고 증명해야 한다.

그런데 만약 아무 제한 없이 누구나 마구잡이로 기록할 수 있다면? 당연히 문제가 될 것이다.

아무에게나 맡길 수 없으니 컴퓨터 장비를 활용해 채굴에 참여하는 과정을 통해 작업(Work)을 증명(Proof)을 한다.

블록 높이	중계자	블록 시간	거래수	블록 보상 (BTC)	사이즈 (KB)	수수료 (BTC) #	거래 총액 (BTC)
750,692	SBI Crypto	2022-08-23 14:08:44	112	6.25358909	63.75	0.00358909	2,985.02780654
750,691	Foundry USA	2022-08-23 14:07:40	1,021	6.30827340	1,369.02	0.05827340	8,168.42524239
750,690	Binance Pool	2022-08-23 13:59:07	1,627	6.32672475	1,244.38	0.07672475	14,066.08300972
750,689	Binance Pool	2022-08-23 13:44:00	643	6.34241880	1,623.87	0.09241880	13,692.52700787
750,688	Poolin	2022-08-23 13:38:13	27	6.25084303	32.08	0.00084303	9.02142340
750,687	BTC.com	2022-08-23 13:38:01	251	6.26048588	121.31	0.01048588	659.26461181
750,686	Foundry USA	2022-08-23 13:35:45	816	6.27414037	439.01	0.02414037	30,465.37634412
750,685	Poolin	2022-08-23 13:28:42	536	6.27579577	396.73	0.02579577	1,553.40174727
750,684	Foundry USA	2022-08-23 13:24:12	43	6.25121512	13.97	0.00121512	337.32012456
750,683	Foundry USA	2022-08-23 13:24:01	512	6.26884593	309.40	0.01884593	1,410.23184602
750,682	SlushPool	2022-08-23 13:19:32	1,449	6.30948711	1,047.98	0.05948711	46,128.57558751
750,681	Binance Pool	2022-08-23 13:06:32	1,014	6.35308337	1,220.90	0.10308337	15,401.15704112
750,680	Binance Pool	2022-08-23 12:57:54	570	6.27643406	431.04	0.02643406	3,607.87403762

[비트코인 블록체인 채굴 보상]
출처 : btc.com

채굴자는 다른 채굴자와 경쟁하며 블록체인에 거래 내용을 기록, 증명한 보상으로 비트코인을 받는다. 비트코인 보상은 규칙에 따라 10분에 한 번 정해진 수량만큼(2022년 기준 6.25개) 지급된다. 이렇게 얻은 비트코인을 교환 수단으로 쓰거나 법정 화폐로 바꿀 수 있기 때문에 작업 증명 보상 정책은 더 많은 채굴자가 비트코인 채굴에 참여하도록 하는 동기

디지털자산 메타버스의 미래

가 된다.

비트코인의 가치가 상승하면 채굴을 통해 얻을 수 있는 보상 금액은 커지고, 자연스럽게 더 많은 채굴자들이 더 많은 보상을 얻기 위하여 남들보다 빠른 연산력을 원하게 된다. 비트코인 네트워크는 균일한 블록 생성 주기를 유지하기 위해 2주에 한 번씩 네트워크의 전체 해시 파워에 비례되는 난이도를 조정한다. 이런 식으로 비트코인 네트워크의 전체 해시파워가 높아지면 난이도 또한 상향되어 새로운 블록을 생성하기 위해 더많은 연산력이 요구되는 것이다. 결과적으로 경쟁이 가속화되면서 새로운 블록을 생성하기 위해 더 많은 연산력이 필요하고 연산력이 올라간 만큼 더 많은 보상을 얻기 위해 네트워크에 연결된 사용자들 간의 경쟁이가속화되며 비트코인 네트워크의 보안은 강화된다.

초기 비트코인 채굴은 CPU나 GPU로 이루어졌지만 이후 가속화된 채굴 경쟁으로 ASIC(주문형 반도체)으로 이루어지고 있다. ASIC 채굴기는구동엔 막대한 전기가 소모된다. 대표적인 ASIC 채굴기인 Bitmain사의채굴기는 3,000W에 이르는 전기를 소모한다. 이는 우리가 일상생활에서쓰는 헤어드라이기 2대를 계속 켜 놓는 것에 맞먹는 전기 사용량이다.

[비트코인 전력 소비지수 CBECI]
출처 : ccaf.io/cbeci/

　지금 이 순간도 이런 ASIC 채굴기들이 전 세계적으로 구동되고 있는데 2022년 3월 기준 연간 비트코인 채굴에 쓰이는 전력 소비량은 133TW(테라 와트)로 전 세계 전력 소비량의 0.6%다.

　이런 상황에 대해 미국 브라이언 루시 교수(트리티니 칼리지 경영대학원)는 "비트코인 채굴에 사용되는 전력이 유럽의 중형 국가 사용 전력과 맞먹는데, 이는 엄청난 양"이라며 "비트코인은 역사상 가장 더러운 화폐다."라고 얘기하기도 했다.

　비트코인 채굴 진영은 이런 문제를 해결하기 위해 힘쓰고 있다. 2021

년 12월 기준 채굴에 쓰이는 전기의 58.5%가 친환경 에너지를 사용하고 있다. '2040년까지 암호 화폐 채굴 산업의 탄소배출 제로(0)를 목표'로 만들어진 크립토 기후 협약(CCA)은 200개 암호 화폐 회원사를 모집했고 '북미지역 친환경 비트코인 채굴'을 위해 만들어진 비트코인 채굴 위원회(BMC)는 마이클 세일러를 주축으로, 도지파더 일론 머스크도 등판했으며 미국 채굴업체들도 참여하고 있다.

비트코인이 채굴에 막대한 전기를 쓰는 건 사실이지만 탈중앙화된 금융 시스템이 유지되기 위해서는 개인의 희생이 필요하다. 예를 들어 P2P 네트워크 중 하나인 토렌트 프로그램을 생각해 보자. 토렌트에 접속하는 대다수의 구성원들은 자신이 원하는 파일을 다운로드 받기 위해 접속하지만 다운로드가 완료될 경우 해당 프로그램을 종료한다. 다른 구성원들을 위해 업로드 기능을 활성화하여 자신의 컴퓨터 자원을 희생하는 구성원은 극히 소수일 수밖에 없다. 시스템이 정상적으로 동작하기 위해서는 시스템을 유지시켜야 하는 분명한 이유와 목적을 구성원들에게 제공해야 한다.

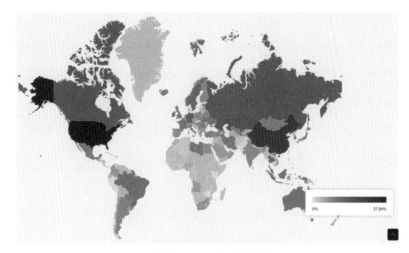

[전 세계 비트코인 채굴 현황]
출처 : Cambridge Univ

비트코인 채굴 회사는 전 세계적으로 경쟁하며 비트코인 채굴에 뛰어들고 있다. 중국에서는 Bitmain, Canaan Creative, Ebang International Holdings 등이 대표적인 채굴 회사고 미국에서는 Marathon Digital Holdings, Riot Blockchain, Hut 8 Mining 등이 유명하다. 캐나다, 남미, 유럽 등지에서도 다양한 채굴 회사가 활동하고 있습니다.

채굴 회사는 고성능의 컴퓨터와 ASIC 칩을 사용하여 많은 양의 해시 파워를 발생시키며 비트코인 블록체인의 거래를 검증하고 있다.

전 세계적으로 비트코인 시장이 커지면서, 채굴 회사들은 새로운 기술을 도입하여 채굴의 효율성과 안정성을 높이고 있다. 이러한 기술의 도입으로 채굴 비용을 줄이고, 채굴 회사의 이익을 극대화하고자 하는 노력이 이어지고 있다.

디지털자산 메타버스의 미래

지금 이 순간도 전 세계 채굴자들은 비트코인 채굴에 참여하고 있으며 비트코인은 작업 증명을 통한 보상 메커니즘으로 화폐 가치를 유지하고 있다.

4-4 비잔틴 장군 문제와 블록체인

비트코인은 채굴에 참여한 채굴자에게 보상을 지급해 가치를 유지하는 것과 동시에 블록체인(blockchain)으로 해커에 의한 공격이나 거래 내역의 위·변조를 방지한다. 만약 악의적 집단이 비트코인 블록의 기록을 조작해 나의 비트코인을 다른 사람 소유로 만든다면 어떻게 될까? 비트코인은 한순간 신뢰를 잃을 것이다. 수학에서는 이런 우려를 오래된 난제 중 하나인 비잔틴 장군 문제(Byzantine Generals Problem)라고 부른다.

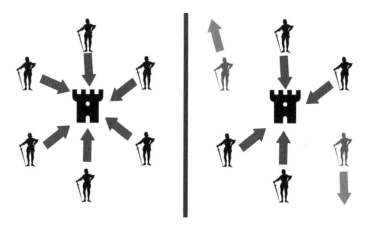

[비잔틴 장군의 문제]
출처 : https://commons.wikimedia.org/wiki/File:Byzantine_Generals.png

비잔틴 장군 문제는 1982년 램포트(Lamport)의 논문에서 처음 제시된 것으로 비잔틴 제국 장군들이 적군을 무찌르기 위해 동시에 공격하는 상황에서 일어난다. 적군의 성을 공격하려는 비잔틴 제국 군대가 있다. 군대는 여러 장군이 지휘하는 부대로 나뉘어져 있고 각 부대 통신은 전령에 의해 이뤄진다. 여기서 악의적 상황을 가정하면 복잡한 문제가 생긴다. 다수의 장군이 같은 시간 동시에 성을 공격해야 함락할 확률이 높아질 것이다. 그런데 만약 장군 중 일부가 적과 내통해 전령을 조작한다면? 일부 배신자가 있더라도 다수의 장군이 성을 공격해야 할 텐데 전체 장군 중 얼마나 공격에 참여할까? 비잔틴 장군 문제는 분산 처리 시스템에서 어떤 데이터를 주고받을 때 악의적인 사용자가 나쁜 의도를 가지고 데이터를 조작하여 잘못된 데이터를 전달하였을 경우 시스템은 어떻게 정확한 데이터를 검증할 수 있는지에 대한 문제다.

비트코인은 이 문제에 대한 답을 비잔틴 장애 허용(Byzantine Fault Tolerance)이라는 개념의 도입으로 해결했다. 채굴에 성공한 채굴자에 의해 생성된 블록은 비트코인 네트워크 참여자 모두에게 전파되고 기록된다.

[블록(block)이 체인(chain)으로 연결되는 블록체인]
출처 : money.com

이렇게 전파된 블록(block)은 이전 블록의 정보(해시값)를 가지고 있으며, 블록 정보는 바로 다음 블록에 기록되어 계속 연결(chain)된다. 만약 악의적 집단이 블록 하나를 변조하기 위해서는 이와 연결된 모든 블록 정보를 변경해야 하는 문제가 생긴다. 이 문제를 해결하는 동안에도 블록은 10분마다 계속 생성돼 연결되기 때문에 블록에 기록된 내용을 변경하는 것은 사실상 불가능하다.

디지털자산 메타버스의 미래

Bitcoin (BTC)

Cost for a 51% attack

Market cap	$406.70 B
Mining algorithm	SHA-256
Network hash rate	211,773 PH/s
Nicehash cost	0.005 BTC / PH / day
Nicehash cost / hr	$4.04 / PH / hour
Estimated cost of 1 hour 51% attack	$856,186
Nicehash capacity	213 PH/s
Nicehash percentage of network	0%

[비트코인 채굴 능력 51% 점유에 필요한 비용]
출처 : crypto51.app

게다가 이런 공격이 성공하기 위해서는 비트코인 네트워크 전체 채굴 능력 과반수(51%) 이상을 점유해야 하기 때문에 막대한 비용이 든다. 2022년 8월 기준 51% 점유에 드는 비용은 1시간당 85만 달러(원화 기준 11억 5천만 원)이다. 만약 이렇게 막대한 비용을 써서 네트워크 공격에 성공하더라도 조작된 비트코인 가격은 폭락할 것이기 때문에 공격자가 얻는 이득은 없다.

51% 이상의 해시 파워를 소유한 사용자나 그룹은 엄청난 자본금을 투자하여 채굴 장비를 구매하고 높은 전기료를 감당하면서 네트워크를 유지하고 있을 것이다. 이렇게 채굴에 많은 비용을 투자한 채굴자들은 채

굴을 통해 얻은 보상이 반드시 유지비용보다 높아야 수익을 남기며 채굴 사업을 운영할 수 있게 된다.

만약 51% 이상의 해시 파워를 소유한 채굴자가 51% 공격을 시도할 경우 스테일 블록이 발생하고 특정 트랜잭션이 무효화됨으로서 부당한 이득을 취득한 사용자가 있다는 사실을 네트워크에 연결된 사용자들이 알게 된다. 51% 공격으로 인해 스테일 블록이 발생될 경우 비트코인 네트워크의 신뢰도는 바닥으로 떨어지게 될 것이며 더 이상 비트코인을 신뢰할 수 없다고 판단한 많은 사용자들이 불안감을 느껴 비트코인을 판매하게 되고 결국 비트코인의 가격은 계속 추락하게 될 것이다. 이렇게 비트코인 가격이 하락할 경우 가장 많은 피해를 입는 사용자는 네트워크에 가장 기여를 많이 하고 있는 공격자 자신이 된다. 즉, 높은 해시 파워를 소유한 채굴자는 네트워크를 공격하는 것보다 선의를 가지고 시스템과 협업하는 것이 유리하게 작용될 수 있음으로 공격을 하기보다 네트워크의 신뢰도를 향상하기 위해 노력하게 되는 것이다. 51% 공격은 언뜻 보면 네트워크의 치명적인 오류라고 생각할 수 있지만 현실적으로 경제적인 이득이 없음으로 실제 이루어지는 경우는 없다.

비트코인은 기존 암호 화폐의 난제를 블록체인으로 해결했다.
비트코인 블록체인은 기술적으로 추가(insert)와 조회(read)만 가능한 단순하고 성능 낮은 데이터베이스(Database)지만 안정성과 불변성 측면에서는 현존하는 데이터베이스 중 가장 강력하다.

4-5 이중 지불 문제와 해결

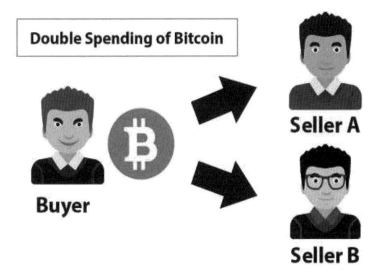

[하나의 비트코인이 두 사람에게 전송된다면?]
출처 : bitcoins.net

이중 지불(Double Spent)은 단일 통화 단위가 두 번 이상 중복으로 결제되어 발생하는 문제다.

디지털상의 데이터는 무한대로 복제가 가능하고 원본과 복사본의 구별이 어렵기 때문에 디지털 화폐는 이중 지불이란 문제를 근본적으로 가지고 있다. 디지털 데이터가 이중 지불되지 않았다는 것을 검증하지 못한다면 그 데이터는 여러 곳에 동시에 사용될 수 있다.

기존의 중앙 제어 시스템을 가지고 있는 은행의 경우 중앙의 통제하에 거래가 발생한 순서대로 거래를 처리함으로써 이중 지불 문제를 아주 쉽게 해결할 수 있었다. 예를 들어 하나의 통장에서 동시에 1,000원을 다른 사람에게 송금하였을 경우 중앙 처리 시스템에 먼저 도착한 거래를 처리하고 잔액을 업데이트하며 이중 지불 문제를 해결하는 것이다.

하지만 탈중앙화된 비트코인의 경우 전 세계적으로 연결된 네트워크에 의해 거래가 실시간으로 이루어지고 중앙의 통제가 없기 때문에 순차적으로 거래를 진행할 수 없는 문제가 있다. 그렇기 때문에 동일한 화폐를 각자 다른 사용자에게 동시에 전송하였을 경우 하나의 거래만을 인정하는 방법, 즉 이중 지불 문제 해결이 필요한 것이다.

비트코인은 이중 지불 문제를 해결하기 위해 하나의 블록에 동일한 UTXO 정보를 가지고 있는 트랜잭션을 오직 하나만 담을 수 있도록 했다. 새로운 블록이 연결되었을 경우 해당 블록에 포함된 트랜잭션 거래 정보만을 유효한 거래로 인정하고 블록에 담기지 못한 트랜잭션의 거래 정보를 무효화하고 그 결과를 네트워크에 참여한 다른 노드들이 검증하게 함으로써 동일 비트코인이 동시에 두 번 사용될 수 없도록 처리한다.

디지털자산 메타버스의 미래

4-6 포크 : 소프트 포크와 하드 포크

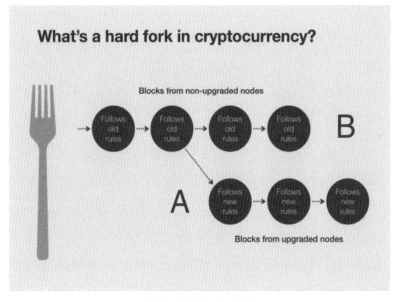

[암호 화폐 포크의 개념]
출처 : algorand.com

사토시 나카모토는 2009년 비트코인 블록체인을 만들 때 10분에 1번씩 1MB 용량의 블록이 생성되도록 설계했고 생성된 블록은 초당 7건의 거래를 처리했다. 비트코인 초기에는 초당 7건의 처리 속도가 문제가 되지 않았다. 하지만 시간이 흘러 많은 사람들이 비트코인을 사용하면서 비트코인의 처리 속도 개선을 위해 블록사이즈를 늘리는 등의 업그레이드가 필요하다는 논의가 지속되고 추진되었다. 처음부터 완벽한 기술이 없듯이 비트코인도 여러 한계점과 문제점들이 있었고 이를 해결하기 위한 노력은 현재까지 지속적인 포크(Fork)를 통해 계속되고 있다.

포크는 식사할 때 쓰는 포크 외에 '갈래, 분기'의 뜻을 가지고 있다. 프로그램 개발에서 포크는 기존 소프트웨어 소스를 활용해 새로운 소프트웨어를 개발하는 것을 말한다. 오픈 소스 소프트웨어의 경우 소스 코드가 공개되어 있고 저작권 문제없이 소스 코드 활용이 가능하기 때문에 포크를 통한 새로운 소프트웨어 개발이 가능하다. 비트코인 포크는 비트코인 블록체인 소스 코드를 활용해 새로운 소스 코드를 업데이트 하는 것을 말한다. 이런 포크를 통해 비트코인 블록체인은 새로운 갈래로 분기되기도 한다.

하나의 그룹이 어떤 게임을 한다고 생각해 보자. 게임 진행 중 어떤 문제가 발생해 게임의 규칙(rules)을 바꿔야 한다면? 모든 게임 참가자가 규칙 변경에 동의해야 할 것이다.
다수가 동의하면 변경된 규칙대로 새로운 게임이 시작될 것이다. 그러나 규칙 변경에 대한 합의가 이루어지지 않는다면 어떻게 될까? 기존 규칙대로 게임을 하겠다는 그룹과 새로운 규칙으로 게임을 하겠다는 그룹으로 나뉘게 되어 두 개의 게임이 만들어지고 각 그룹들은 각자의 게임을

디지털자산 메타버스의 미래

할 것이다.

비트코인 블록체인에도 이런 일이 발생한다. 비트코인 블록체인 규칙 변경에 대한 합의가 이루어지지 않을 때 하나의 블록체인은 포크처럼 두 개로 갈라져 각자 다른 길을 가게 된다.

포크는 소프트 포크와 하드 포크로 나뉜다.

규칙을 변경한다는 점은 둘 다 같지만 이전 규칙과의 호환과 새로운 암호 화폐를 생성한다는 점에서 구분된다. 소프트 포크는 기존의 규칙에서 부분적인 변경만 하는 경우다.

변경된 규칙은 기존의 규칙과 호환이 가능하기 때문에 기존의 블록체인 업데이트는 필수가 아닌 선택 사항이며 새로운 암호 화폐는 생성되지 않는다. 소프트 포크는 현재 블록체인의 단순 오류 수정이나 소규모 업데이트를 위해 적용된다.

하드 포크는 규칙을 근본적으로 바꾸는 경우다.

큰 규칙이 바뀌기 때문에 기존의 규칙과 호환되지 않으며 블록체인 업데이트는 필수 사항이다.

하드 포크는 비트코인 채굴자(네트워크 참여자) 과반수(50%) 이상 동의 시 완료된다.

하드 포크가 완료되면 기존의 규칙으로 구동되는 블록체인과 새로운 규칙으로 구동되는 블록체인 두 개로 나뉘게 되며 암호 화폐도 두 개로 분리된다. 분리된 각각의 블록체인은 시장과 네트워크 참여자들의 선택에 따라 계속 유지되거나 자연스럽게 사장된다. 하드 포크는 현재 블록체인의 중대한 오류 수정이나 대규모 업데이트를 위해 적용된다.

4-7 비트코인 포크의 역사

전 세계적으로 비트코인 사용되며 거래량이 급증하면서 비트코인 전송 용량인 블록 크기의 한계에 대한 개선 논란이 끊임없이 나오게 되었다.

비트코인의 블록은 평균 10분에 한 번씩 생성될 수 있도록 설계되었으며, 블록의 크기는 1MB로 블록에 담을 수 있는 거래량은 제한적일 수밖에 없었다. 블록에 포함시킬 수 있는 최대 거래량보다 더 많은 거래량이 발생될 경우 거래가 지연되는 현상이 반복되었다.

금융거래에서 거래 속도는 굉장히 중요한 부분이다. 블록체인의 경우 많은 거래가 몰릴 경우 거래가 정상적으로 이루어지지 않거나 많은 대기 시간이 필요하게 될 수 있다. Visa의 경우 초당 최대 65,000건의 거래를 처리하지만 비트코인은 7건을 처리하고 있다. 이런 문제로 거래량이 급증하여 거래가 지연될 경우 다른 사용자들보다 더 빠르게 거래를 처리하기 위하여 수수료를 높게 측정하게 되는데 이런 상황이 심화될수록 비트코인 거래 수수료가 높아지는 단점이 발생될 수 있다.

그럼 블록의 크기를 늘려서 초당 처리 가능한 전송 건수를 늘리면 되지 않을까? 생각할 수 있는데 블록의 크기를 무한정 늘리는 것은 문제가 있다. 블록의 크기가 늘어날수록 블록체인의 데이터 용량은 기하급수적으로 늘어나게 될 것이다.

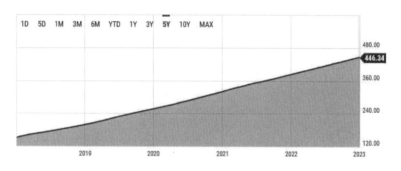

[최근 5년 비트코인 블록체인 크기 증가]
출처 : ycharts.com

이미 비트코인 블록체인의 크기는 지속적으로 증가하고 있으며 2023년 1월 기준 446G다.

전 세계적으로 이렇게 큰 대용량의 블록체인을 감당할 수 있는 노드가 많지 않다. 블록의 크기를 무작정 늘리게 되면 누구나 참여할 수 있는 탈중앙화된 블록체인의 취지에 어긋나게 될 것이다. 이런 문제로 비트코인 블록 크기에 대한 논쟁은 초기부터 지금까지 계속되고 있다.

Bitcoin XT

2014년 12월 시작된 Bitcoin XT는 Bitcoin Core 개발자 Mike Hearn의 주도로 1MB였던 비트코인 블록 크기를 8MB로 늘려 초당 24건의 거래를 처리하기 위한 하드 포크였다.

Bitcoin XT는 초기부터 비트코인 커뮤니티의 많은 비판을 받았고 비트코인 창시자 사토시 나카모토로 의심되는 계정이 포크에 반대하기도 했다.

2015년 8월 하드 포크를 진행했고 첫 번째 블록이 생성될 당시 채굴자의 12%의 지지를 얻기도 했지만 점차 관심에서 멀어지며 사장되었다.

Bitcoin Unlimited

Bitcoin Unlimited는 2016년 1월 Bitcoin XT와 같이 비트코인 블록 크기를 늘려 비트코인 확장성 문제를 해결하고자 진행된 하드 포크였지만 구체적인 방법은 달랐다.

Bitcoin Unlimited의 블록 크기 변경 방안은 최대 16MB 안에서 채굴자들이 가변적으로 블록 크기를 조정하자는 것으로 시장 경제 논리와 네트워크 상황에 따라 블록 크기가 합리적으로 결정된다는 논리였다.

하지만 비트코인 커뮤니티의 생각은 달랐다.

대규모 채굴 집단이 블록의 크기를 결정하며 이익을 독점할 것이고 이것은 비트코인의 근본 이념은 탈중앙화에 위배되기 때문이었다. 다양한 크기의 블록이 많아지면 비트코인 네트워크의 불안정과 또 다른 여러 하드 포크를 유발할 수 있다는 것도 위험 요소였다.

결국 Bitcoin Unlimited도 Bitcoin XT와 같이 유지되지 못하고 사장되었다.

Bitcoin Classic

Bitcoin XT 실패 후에도 블록 크기를 확장하기 위한 개발자 그룹의 시도는 계속되었다.

Bitcoin XT프로젝트를 진행했던 Gavin Andersen은 2016년 2월 비트코인 블록 크기를 1MB에서 2MB로 늘리고 2년 뒤 최대 4M로 늘리는 하드 포크를 제안했다.

Andersen은 블록 크기를 늘리면 확장성 문제도 개선되고 네트워크의 분산도 더욱 증가할 것이라고 확신했다. 비트코인 커뮤니티로부터 많은 비판을 받았던 Bitcoin XT와 달리 Bitcoin Classic은 커뮤니티의 관심을 끌었다. Antpool, BW, Genesis Mining, Multipool 등의 대형 채굴풀(mining pool 채굴자들의 연합)이 동참했고 Coinbase, OKCoin 등의 거래소도 Bitcoin Classic의 거래를 지원했다. Bitcoin.com의 소유자인 Roger Ver도 프로젝트를 지지했고 Bitcoin Core의 또 다른 제작자인 Jonathan Tumim도 합류했다. Bitcoin Classic은 출시 후 몇 달 동안 약 2,000개의 노드로 활성화 됐지만 관심을 유지하지는 못했다. 현재도 블록체인이 유지되고 암호 화폐도 거래되고 있으나 2017년 최대 8MB의 블록을 생성하는 Bitcoin Cash 등장한 후 시장에서 영향력은 미미한 상황이다.

Bitcoin Cash

Bitcoin Cash는 가장 성공한 유명한 하드 포크 중 하나다. 2017년 7월 23일에 진행됐으며 현재까지 암호 화폐 시가 총액 상위를 유지하고 있다. Bitcoin Cash의 블록 크기는 32MB로 비트코인의 1MB보다 훨씬 더 많은 트랜잭션을 처리할 수 있다.

Bitcoin Cash는 비트코인과 크게 세 가지 차이점이 있다.

디지털자산 메타버스의 미래

1. 블록 크기 1MB에서 8MB로 증가. 이후 32MB로 확장.
2. 사용자 트랜잭션(전송) 실패에 대한 처리(전송 재시도 및 전송 내역 삭제) 설정. 두 개의 병렬 체인 운용으로 사용자의 안전을 보장.
3. 입력 값이 서명되는 새로운 유형의 거래를 시작으로 하드웨어 지갑의 보안을 보장하고 2차 해싱 문제를 해결.
4. Bitcoin Cash는 이후 내부 분열로 하드 포크를 통해 Bitcoin SV와 Bitcon ABC로 다시 분리되었다.

SegWit(세그윗)

2017년 8월 1일 비트코인은 블록당 저장 용량을 늘리기 위해 디지털 서명 부분을 제거하는 세그윗(SegWit)이라는 업그레이드를 성공적으로 진행했다. 세그윗 포크로 비트코인의 확장성 문제가 어느 정도 해결되자, 2017년 하반기에 비트코인 가격이 폭등하기 시작했다.

비트코인의 경우 블록 하나의 최대 크기가 1MB로 제한되어 있기 때문에, 하나의 블록당 대략 2천 건 정도의 트랜잭션을 기록하면 더 이상 기록할 공간이 부족한 문제가 발생한다. 이 경우 해당 트랜잭션은 블록에 기록되지 못하고 뒤로 밀리게 된다. 물론 더 높은 수수료를 지급하면 순서에 상관없이 맨 앞으로 이동하여 블록에 먼저 기록될 수 있으나, 이로 인해 수수료 인플레이션이 발생할 수 있다. 비싼 수수료를 지급하지 않은 거래의 경우 뒤로 밀리면서, 처리 속도가 느려지는 문제가 생기게 되었다.

비트코인 세그윗은 2015년 후반 비트코인 코어 개발자인 Peter Wuille 가 제안한 세그윗(SegWit, Segregated Witness)에 대한 아이디어에 기반하고 있다. 세그윗은 서명과 거래 내역을 각각 분리해서 저장함으로 블록에 서명 용량만큼의 거래 내역을 더 추가하여 그 전보다 더 많은 트랜잭션을 수행할 수 있도록 하는 소프트 포크이다. 이후 세그윗을 기반으로 블록 사이즈를 2MB 이상으로 늘리는 세그윗2x(Segwit2x)라고 하는 또 다른 포크가 제안되었는데 커뮤니티의 공감을 얻지 못하고 취소됐다.

탭루트(Taproot)

비트코인 블록체인은 2017년 세그윗 업데이트 이후 4년이 지난 2021년 11월 공식적인 업그레이드(소프트 포크)를 진행했다. 업그레이드 이름은 '곧은 뿌리'라는 뜻의 탭루트(taproot)였다. 탭루트를 통해 비트코인이 기존의 기술적 한계를 보완하고 더욱 단단한 기반을 다지겠다는 의미였다. 탭루트는 비트코인 블록체인의 서명 방식을 개선하고 네트워크 정보 보호를 강화하는 업그레이드였다.

탭루트 업그레이드 중에서 가장 큰 변화는 '슈노르 서명(Schnorr)'을 통해 비트코인 거래자 서명을 생성하는 방식을 더욱 효율적으로 개선한 것이다.

슈노르 서명은 독일의 수학자이자 암호학자인 클라우스 슈노르(Claus Schnorr)가 개발한 암호학적 서명 체계로 하나의 주소로 전송되는 서명들을 묶어 블록체인에서 사용하는 대역폭을 줄여 효율성과 확장성을 높이는 방식이다. 기존의 비트코인 블록체인은 각 지갑 별 하나의 서명을 별도로 담아야 했는데 슈노르 서명 기술은 다수의 서명을 하나의 서명으로 통합하여 전송함으로써 비트코인 블록체인 거래 처리 속도와 확장성이 향상되었다.

1. 블록체인상에서 전송 및 저장해야 하는 데이터 양의 감소.
2. 블록당 더 많은 트랜잭션 처리(더 높은 TPS 비율).
3. 보다 저렴한 트랜잭션 수수료.

슈노르 서명은 프라이버시도 강화효과도 있었다. 다수의 주체가 진행한 서명이더라도 외부에선 단일 서명으로 보일 수 있기 때문에 다중서명이지만 여러 명이 서명한 것인지 한 명이 서명한 것인지 구분하기 어렵기 때문이다.

탭루트는 내전이라 불릴 만큼 찬반 논쟁이 격렬했던 2017년 업그레이드와 달리 비트코인 커뮤니티 90% 이상의 지지를 받아 통과됐다는 점에서 의미가 크다. 탭루트 업그레이드로 비트코인은 더 단단한 기반을 다지고 비트코인 기반의 스마트 계약과 디파이 시스템으로 확장의 토대를 마련했다.

2023년 2월 세계 최대 NFT(대체 불가 토큰)회사, BAYC 발행사 유가랩스(Yuga Labs)가 비트코인에서 새로운 NFT를 발행한다고 발표했다. 비트코인 블록체인에 새겨진 300개 한정 작품을 경매 형식으로 판매하고 낙찰자는 비트코인으로 NFT를 구매하고 비트코인 지갑으로 NFT를 받는 방식이었다. 이는 2017년 세그윗(Segwit), 2021년 탭루트(Taproot) 업그레이드로 비트코인 블록에 전송 기록 말고도 다양한 데이터(이미지, 비디오, 오디오 등)를 담을 수 있는 환경이 만들어졌기에 가능한 일이었다.

4-8 사토시 나카모토는 누구일까?

익명의 비트코인 창시자 사토시 나카모토(Satoshi Nakamoto)의 정체는 암호 화폐 최대 미스터리다.

많은 사람이 사토시를 찾기 위해 노력했고 스스로 본인이 사토시라는 주장하는 사람도 있었지만 아직까지 사토시의 정체는 밝혀지지 않고 있다. 사토시는 2008년 비트코인 논문 발표, 2009년 비트코인 공식 출시 후 2011년 비트코인 개발자 동료에게 "나는 다른 일을 위해 떠났고, 아마 앞으로도 없을 것이다."라는 메시지를 남긴 뒤 자취를 감췄다.

사토시 나카모토는 누구일까? 사토시가 개인인지, 단체인지, 성별과 국적 그 무엇도 확실하지 않다. 사토시가 개인이라는 주장이 더 많지만 컴퓨터 과학자로 구성된 팀이나 암호학 전문가 혹은 사이퍼 펑크 같은 집단이라는 설도 있다. 2011년 자취를 감추기 전 사토시는 자신이 1975년 4월 5일 태어난 일본인 남자라고 주장했다. 하지만 누군가는 1975년 4월 5일이 사토시의 실제 생일이 아니라 중앙화된 경제 구조를 풍자한 것이라 추측하기도 한다.

그의 생일인 4월 5일은 미국 전체가 대공황으로 고통받던 1933년, 루즈벨트 전 대통령이 정부가 아닌 국민이 금을 갖는 것을 금지했던 날이며 1975년은 포드 미국 전 대통령이 금 보유를 다시 합법화한 해다. 비트코인이 기존 금융 시스템에 대한 도전적 의미로 생겼다는 것을 떠올려볼 때 의미 있는 추론이기도 하다. 조금 황당한 이야기처럼 들리긴 하지만 비트코인이 기존 금융 시스템에 대한 도전적 의미로 생겼다는 것을 떠올려볼 때 이해가 가기도 한다. 또한 사토시의 뛰어난 영어 구사 능력을 볼 때 일본인이 아닌 원어민 출신일 가능성이 높다는 의견도 있다. 사토시가 암호 화폐 커뮤니티에 글을 쓰거나 소통한 시간 대부분이 유럽의 근무 시간인 것을 볼 때 신분을 감추기 위한 거짓말이라는 것이다. 그 외 사토시가 야쿠자 일원이어서 자금 세탁을 이유로 비트코인을 개발했다는 설도 있고 삼성(SAmsung), 도시바(TOSHIba), 나카미치(NAKAmichi), 모토로라(MOTOrola) 4개 기업의 앞 글자를 따서 만든 공동의 가명이라는 주장도 있다.

그는 2011년 4월, 동료 비트코인 개발자에게 작별 메일을 보내고 사라졌다. "나는 다른 일들을 위해 떠났고, 아마 앞으로도 없을 것이다."라는 메시지를 남긴 뒤 소식이 끊겼다.

사토시는 2009년 채굴한 최초의 비트코인을 아직도 사용하지 않고 있으며 보유하고 있는 비트코인은 대략 100만 개로 추정된다. 사토시의 정체는 아직도 밝혀지지 않았지만 사토시로 추정되는 사람들은 다음과 같다.

할 피니(Hal Finney)

[할 피니(Hal Finney)]
출처 : bitcoin.fr

할 피니는 사토시로 추정되는 가장 유력한 인물이다.

할은 비트코인 이전에도 암호학의 선구자였으며 비트코인 초기 사용자였다. 할은 또 다른 사토시로 주목받는 도리안 나카모의 집 가까운 곳에서 10년 이상 살았으며 사토시와 함께 비트코인을 개발했다. 비트코인 소프트웨어의 버그 보고서를 작성하고 개선한 최초 인물이자 비트코인 트랜잭션의 최초 수신자이기도 하다.

할은 여러 사토시 후보자 중 사토시와 가장 비슷한 문체를 가진 사람이기도 하다. 사람들은 할이 사토시이며 1인 2역을 하고 있다는 주장을 끊임없이 제기했다. 할은 2014년 신경 마비로 세상을 떠나기 전까지 사토시가 아니냐는 반복된 질문에 언제나 자신은 사토시가 아니라고 말했다.

도리안 나카모토(Dorian Nakamoto)

[도리안 나카모토(Dorian Nakamoto)]
출처 : https://openclipart.org/detail/301058/dorian-satoshi-nakamoto

디지털자산 메타버스의 미래

도리안 나카모토는 2014년 3월 6일에 미국 뉴스위크가 내보낸 「비트코인의 얼굴」이라는 기사를 통해 세상에 알려졌다. 도리안은 사토시 나카모토와 이름이 비슷하기도 하고 사토시가 밝힌 일본인이라는 이유로 사토시로 추정되고 있다. 일본계 미국인으로 출생 당시 그의 실제 이름이 사토시 나카모토였다는 점도 그가 사토시가 아니냐는 의혹을 받고 있는 이유다. 기술 및 금융 서비스 회사 컴퓨터 엔지니어로 일했으며, 할 피니와 가까운 곳에 10년 이상 살았다.

도리안은 뉴스위크와의 인터뷰에서 자신이 비트코인을 개발하는 데 관여했다고 말했지만, 이후 질문을 오해했다며 발언을 철회했다. 비트코인 프로젝트에 참여한 적이 없으며 사토시로 지목받기 전까지 비트코인의 존재도 몰랐다고 말했다. 도리안이 사토시로 주목받자 2009년 2월 사토시가 비트코인 배포를 위해 쓴 글에 5년 만에 새로운 메시지가 추가됐다. "도리안은 진짜가 아니다."라는 짧은 메시지였다. 도리안은 사생활 침해와 정신적 고통을 이유로 자신을 비트코인 창시자라고 지목했던 뉴스위크지를 고소했다.

닉 스자보(Nick Szabo)

닉 스자보는 1998년 이미 '비트골드(Bit gold)'라는 분산된 전자화폐를 고안한 인물이다.

그가 사이퍼 펑크 커뮤니티에서 쓴 글은 사토시의 문체와 비슷했고 사토시가 글을 쓴 시간과 유사했다. 닉은 2011년 5월 인터뷰에서 "나와, 웨이 다이, 할 피니만이 사토시 나카모토의 아이디어를 공감하고 좋아했던 유일한 사람들이었다."라고 밝혔다. 닉은 자신이 사토시가 아니고 부인했지만 닉과 사토시 사이에는 많은 유사점이 존재한다.

크레이그 라이트(Craig Wright)

호주의 컴퓨터 과학자이자 사업가인 크레이그 라이트는 2015년 IT 잡지 기즈모도(Gizmodo)와 와이어드(Wired)에서 사토시로 지목 받았으며 2016년 BBC 방송 인터뷰에서 자신이 사토시라고 직접 밝혔다. 일부 비트코인 재단 구성원과 비트코인 개발자는 그가 사토시가 맞다고 동조했지만 반대로 크레이그가 사토시가 아니라는 주장이 더 많았다. 크레이그는 자신이 사토시가 맞다며 영국 법정에 자신이 가짜라고 주장하는 많은 이를 고소했으며 2019년 비트코인 백서와 기존 비트코인 코드에 대한 저작권을 미국에 등록했다. 크레이그는 지금도 자신을 사토시라 주장하고 있지만 사토시라면 가지고 있어야 할 비트코인을 최초로 채굴했던 지갑의 비밀키를 제시하지 못해 거짓말쟁이로 낙인찍히게 됐다.

이외에도 사토시로 추정되는 인물과 스스로 사토시라고 주장하는 사람은 매 해 나오고 있다.

그가 떠난 지 10년이 지난 지금, 사람들은 여전히 이 미스터리의 주인공이 누구인지 알아내려 애쓰고 있다.

Address	1A1zP1eP5QGefi2DMPTfTL5SLmv7DivfNa 📋
Format	BASE58 (P2PKH)
Transactions	3,398
Total Received	68.54966017 BTC
Total Sent	0.00000000 BTC
Final Balance	68.54966017 BTC

[비트코인 최초의 지갑]
출처 : blockchain.com

하지만 사토시의 존재와 상관없이 전 세계 많은 개발자는 스스로 비트코인을 개발하며 업데이트하고 있으며 비트코인 최초 지갑에는 사토시가 채굴한 비트코인 외에 사토시 정신을 기억하려는 전 세계 비트코이너들이 일종의 기부금으로 송금한 비트코인이 모이고 있다.

사토시가 없이도 비트코인이 지금까지 발전하고 있다는 자체가 비트코인의 진정한 가치가 아닐까? 희미한 그의 정체와 다르게 그의 정신만은 선명히 이어지고 있는 지금, 어쩌면 우리 모두가 사토시일지 모른다.

4-9 또 다른 패러다임 이더리움

　사토시는 이전 세대 암호학자의 아이디어와 암호 화폐로부터 계승한 유산을 토대로 그들의 실패와 한계를 극복한 전자화폐 비트코인으로 실용성 있는 블록체인 기술을 고안해 냈다. 이후 사토시는 사라졌지만 그가 남긴 블록체인 암호 화폐 '비트코인'의 가치는 지금도 유지되고 있다. 사토시가 생각대로 비트코인은 특정한 주인이 없는 P2P 오픈 소스 프로젝트(Open Source Project)로 자체적인 생명력을 가지며 발전하고 있는 것이다.

[비탈릭 부테린 Vitalik Buterin]
출처 : https://commons.wikimedia.org/wiki/File:Vitalik_Buterin_TechCrunch_
London_2015_%28cropped%29.jpg

비트코인의 가치를 알아보고 스스로 비트코인에 몸을 던진 사토시의
후예들 중 한 명은 러시아계 캐나다인 비탈릭 부테린(Vitalik Buterin)이
다. 비탈릭은 비트코인에 매료되어 2011년 '비트코인 매거진'을 창간하고

편집장으로 일하며 비트코인을 알리는 일을 시작했다. 비트코인에 대한 연구에 매진하던 비탈릭은 블록체인 기술을 더 확장할 수 있는 새로운 가능성을 발견했다. 비탈릭은 비트코인을 단순히 화폐를 주고받는 용도를 넘어 사용자간의 계약을 실행할 수 있겠다고 생각했다. 바로 이것이 탈중앙화된 블록체인에서 사용자 간 상호 계약을 프로그램으로 구현한 '스마트 계약(Smart Contract)'이다.

2014년 캐나다 워털루 대학교에 재학 중이던 비탈릭은 틸 장학금을 받고 블록체인 애플리케이션 플랫폼을 만들겠다는 목표를 세우고 자신의 꿈을 지지하는 많은 동료들과 함께 개발에 착수했다. 2015년 마침내 이 블록체인 앱 플랫폼은 이더리움이란 이름으로 모습을 드러냈다. 화폐로서의 기능을 수행하는 비트코인을 뛰어넘는, 컴퓨터로서의 기능을 수행하는 플랫폼이 등장한 것이다.

사토시는 비트코인 제네시스 블록에 "The Times 03/Jan/2009 Chancellor on brink of second bailout for banks"란 메시지를 '스크립트 언어'로 작성해 숨겨 놓았다. 비탈릭은 이렇게 비트코인에 간단한 개발 언어로 프로그래밍할 수 있다는 아이디어로 블록체인 위에 구현하겠다는 꿈을 갖게 되었다. 이 명령문을 '소프트웨어'라 본다면 블록체인은 '컴퓨터'라 볼 수 있다. 즉, 블록체인 자체를 P2P 네트워크에 의해 가동되며 스마트 계약을 실행시키는 하나의 컴퓨터로 본 것이다. 월드 컴퓨터의 탄생이었다.

비트코인이 1세대 암호 화폐였다면 이더리움은 2세대를 여는 계시를

만들었다. 이더리움은 이후에 등장하는 블록체인 앱 플랫폼의 기준이 되
며 많은 블록체인 프로젝트들이 이더리움을 모티브로 개발되었다. 이더
리움은 EEA(Enterprise Ethereum Alliance 이더리움 기업 연합)를 통해
수많은 기업들의 참여를 이끌어내고 새로운 경제 생태계를 창출하기도
했다. 2014년 11월 비탈릭은 페이스북의 '마크 저커버그'를 제치고 IT 노
벨상인 '월드 테크놀로지 어워드'의 IT 소프트웨어 수상자로 선정되었다.

[이더리움 홈페이지]
출처 : ethereum.org

이더리움은 분명 블록체인의 패러다임을 전환시켰고, 블록체인 경제
의 가능성을 보여 주었다.

1. 스마트 계약(Smart Contract)

스마트 계약은 블록체인에서 실행되는 소프트웨어로서, 디지털 자산

을 통제하는 기능을 수행한다. 스마트 계약은 계약 당사자 간에 원하는 내용을 코드로 구현하고, 조건이 달성될 시 코드가 그 계약을 반드시 이행하게 한다. 자판기에 동전을 넣고 원하는 메뉴를 누르면 자동으로 캔커피가 나오는 것과 같이 컴퓨터에 명령을 입력하면, 컴퓨터는 그 명령에 해당하는 출력을 자동으로 수행한다. 이렇듯 컴퓨터에 의해 수행되는 자동화된 형태의 계약을 스마트 계약으로 볼 수 있다.

2. 스마트 자산(Smart Property)

이더리움은 ERC-20 토큰(Token)이란 이름으로 스마트 자산을 발행할 수 있게 해 준다. 스마트 자산이란 블록체인 플랫폼상에서 관리되는 유·무형의 디지털 자산을 의미한다. 지금껏 이더리움을 통해 수많은 토큰이 발행되었고, 이는 시장에서 자유롭게 거래되며 나름의 시장 가치를 형성하고 있다.

3. ICO(Initial Coin Offering)

ICO는 프로젝트를 진행하기 위해 암호 화폐로 자본을 조달하는 기업 공개 방식이다. 기업 측에서 비트코인이나 이더와 같은 암호 화폐를 받고 대신 자신들이 발행한 토큰 등의 스마트 자산을 대가로 제공하는 것이다. ICO는 2017년과 2018년 선풍적인 인기를 끌었고, 새로운 자본 조달 방식으로 각광받았는데 기존의 벤처 캐피탈 또는 기업공개(IPO)를 통한 자본 조달 외에도 ICO란 자본 조달 방식이 등장하면서 스타트업들이 각

디지털자산 메타버스의 미래

종 규제 없이 아이디어만으로 자본 조달을 가능하게 했다.

4. DeFI(Decentralized Finance 탈중앙화 금융, 디파이)

디파이는 기존의 금융 서비스와 다르게 프로그래밍할 수 있는 오픈 소스 기술을 기반으로 블록체인 기술을 사용해 중앙 기관 없이 탈중앙화된 환경에서 누구나 자유롭게 대출, 저축, 투자, 거래 등을 이용할 수 있는 금융 서비스다.

구분	DeFi	전통적인 금융서비스
자금 사용에 대한 권한	개인	금융서비스 회사
자금 사용 내용에 대한 조회	• 개인이 직접 조회하고 관리함	• 신뢰할만한 금융회사에 의탁함
자금 송금의 범위 및 시간	• 국내, 국외 제한없이 빠르게 송금 가능함	• 국내의 경우 빠르게 송금이 가능함 • 해외의 경우 절차 복잡하고 오랜 시간 걸림
서비스 이용에 대한 자격	• 모든 사람들에게 열려 있음 • 국가, 인종 등의 차별이 없음	• 국가마다 상이함 • 모든 사람들에게 열려 있지 않음
투명성	• 모든 거래내역이 모든 이들에게 공개됨 • 서비스가 코드로 만들어져 있으며 오픈소스로 공개되어 있음	• 사용자들에게 공개되어 있으며 서비스 회사 간 정보를 공유함 • 오픈소스 등으로 모든 이들에게 열려 있는 서비스는 아님
위험성	• 오픈소스이고 해킹의 위험이 존재함 • 아직은 초기시장이라 다양한 리스크에 노출되어 있음	• 국가에 따라서 상이함 • 해당 금융서비스 회사에 따라서 파산 시 일부 자금에 대해서 국가가 보장해주는 경우가 있음

[디파이와 기존 금융의 차이]
출처 : upbitcare.com

금융 서비스 망이 편리하게 구성된 한국과 달리 아직도 전 세계적으로 은행서비스를 받지 못하는 사람들이 존재한다. 물론 비트코인도 소유, 관리, 지불, 전송 등 디파이의 기능을 한다고 할 수 있다. 하지만 이더리움으로 인해 본격적으로 디파이가 기존 금융 서비스와 유사한 형태로 발전하며 다양한 금융 서비스를 제공할 수 있었다.

5. NFT(Non-fungible token 대체 불가 토큰)

NFT는 고유한 물품의 소유권을 나타내는 데 사용할 수 있는 토큰이다. NFT는 기존 토큰과 다르게 개별적으로 고유한 속성을 가진다. NFT를 이용하면 아트, 수집품뿐만 아니라 부동산까지도 토큰화가 가능하며 NFT의 소유권은 이더리움 블록체인으로 보호되어 소유권에 대한 보장이 가능하다. NFT는 현재 새로운 트렌드로 디지털 아트와 디지털 수집품의 세계를 휩쓸고 있다.

6. DAO(Decentralized Autonomous Organization 탈중앙화 자율 조직, 다오)

다오는 중앙화된 특정 주체없이 운영되는 자율 조직이다. 기존의 조직이 중앙기관이나 세력의 관리하에 운영되었다면 다오는 별도의 중앙화된 관리 주체의 위계나 서열 없이 스마트 컨트랙트를 통해 투명하게 정해진 규칙에 따라 구성원 모두의 자율적인 참여로 공동의 목표 달성을 위해 움직인다. DAO가 마음대로 자금을 유용하거나 장부를 조작할 수 없는 것이다.

기존의 중앙화된 조직은 조직이 운영되려면 기본적인 신뢰가 필요하다. 하지만 다오는 그룹에 있는 다른 사람을 신뢰할 필요가 없다. 다오에 참여한 개개인의 의사가 합리적인 결과를 도출하기 때문이다. 다오는 기존 조직의 많은 문제를 해결할 수 있다. 예를 들어 자선단체가 있다고 생각해 보자. 다오로 구성된 자선단체는 전 세계 모든 사람들로부터 기부금을 받고 기부금의 사용 방법을 투명하게 결정할 수 있다. 결정된 기부처로 정확히 기부금이 전달되었는지도 블록체인 전송 내역을 통해 누구나 확인이 가능하다.

기업의 투자자금 모금과 수익 분배도 마찬가지다. 투자 자본을 모으는 벤처 펀드를 다오를 통해 만들 수 있고 투자성과에 대한 수익금을 다오를 통해 분배할 수 있다. 모든 것은 구성원들의 투표로 결정되어 코드로 기록되며 블록체인에서 실행되는 코드는 그 누구도 조작할 수 없다.

2015년 7월 30일 최초 블록을 생성하며 시작된 이더리움은 [프론티어(Frontier 탄생 개척) → 홈스테드(Homestead 생태계 구축) → 메트로폴리스(Metropolis 번영 대중화) → 세레니티(Serenity 안정 평화)] 단계를 거치며 꾸준히 발전해 왔다. 하지만 이더리움 사용자들이 많아질수록 이더리움도 한계에 봉착하게 된다. 이더리움이 출시됐던 2015년 당시만 해도 사용자가 많지 않았기 때문에 이더리움의 속도는 큰 문제가 아니었지만 시간이 지나 암호 화폐가 대중화되며 사용자도 늘면서 속도의 한계에 부딪혔다. 이더리움 사용자는 많은데 처리 속도가 느리니 사용자는 전송 수수료를 더 내고서라도 거래가 빨리 처리되길 원했고 이는 수수료 경쟁으로 이어지며 이더리움 전송 수수료가 폭등하는 악순환 반복되었다. 결국 이더리움도 비트코인과 같은 문제를 겪은 것이다.

블록체인 플랫폼으로 1위를 지키고 있는 이더리움이지만 이런 상황이 계속된다면 후발주자들에게 자리를 뺏길 수도 있는 상황이었다. 이더리움 속도 문제를 해결하기 위해 수수료 체계 개편 등 지속적인 업데이트와 Layer2솔루션(메인 블록체인의 확장성 문제를 해결하기 위한 또 다른 블록체인) 등의 방법이 사용되고 있었지만 근본적인 방법은 PoW(Proof-of-Work)에서 PoS(Proof-of-Stake)로의 전환이었다.

* PoS

: 지분 증명 (Proof-of-Stake)

PoS는 PoW의 문제점을 해결하려 등장한 '지분 증명(PoS·Proof of Stake)' 방식 합의 알고리즘이다. PoS는 코인을 얼마나 많이 가졌는지에 따라 관리자가 될 확률이 높아지고 블록을 만들 때마다 코인 보유량을 비교해서 보상을 나눠 준다. 누가 빨리 문제를 푸는 것으로 겨루는 게 아니라 얼마나 많은 코인이 지갑에 있느냐(지분)가 핵심이다. PoS는 채굴기가 필요 없고 누구나 특정 수량 이상 코인을 보유했다면 참여해 보상으로 코인을 얻을 수 있다. 지갑에 코인을 넣어놓고 온라인 상태만 유지하면 되는 것이다. PoW 방식과 다르게 전기 소모량이 적고 처리 속도가 빠른 게 장점이다.

vitalik.eth ✅
@VitalikButerin

•••

And we finalized!

Happy merge all. This is a big moment for the Ethereum ecosystem. Everyone who helped make the merge happen should feel very proud today.

트윗 번역하기

오후 3:59 · 2022년 9월 15일 · Twitter Web App

[이더리움 PoS 전환 비탈릭 부테린의 축하 트윗]
출처 : twitter.com/vitalikbuterin

2022년 9월 15일 이더리움은 PoW에서 PoS 전환을 성공적으로 완료하며 오랫동안 기다려 왔던 숙원을 달성했다. 이더리움은 머지(Merge) 업데이트를 통해 합의 알고리즘을 PoW에서 PoS 형태로 변경하고 스테이킹을 통해 네트워크가 운영되도록 업그레이드 됐다. 과거의 이더리움은 비트코인과 같이 가치 저장 수단과 원자재의 성격을 가진 자산으로 쓰였지만 PoS 전환 이후 스테이킹을 통해 이자를 지급하면서 채권과 같은 자본 자산으로의 성격도 갖추게 되었다. PoS 이더리움은 PoW 이더리움 대비 전력 소모량이 99% 이상 줄였고 지속적인 속도 향상을 위해 앞으로 샤딩 업그레이드 등이 진행될 예정이다.

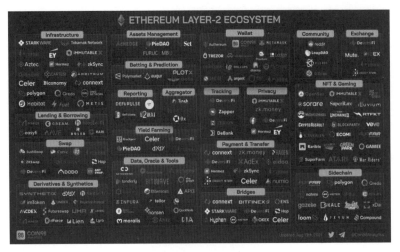

[이더리움 생태계 현황]
출처 : COIN98

　이더리움은 출시 후 지금까지 블록체인 플랫폼으로 굳건한 영향력을 유지하며 비트코인이 제공하지 못한 많은 서비스를 제공하며 비트코인 다음으로 가장 큰 시가 총액을 꾸준히 유지하고 있다.

　　　　　　　　　　　　　　　　　디지털자산 메타버스의 미래

5장

비트코인
역사와 이슈

5-1 비트코인 피자 데이

2010년 5월 22일 '비트코인 피자 데이'로 불리는 이날은 비트코인 만 개 와 피자 2판이 교환된 날이다.

비트코인이 '교환 수단'으로 가치를 입증한 날로 매년 암호 화폐 지지자 들이 피자를 먹으며 기념하고 있다. 오늘날의 비트코인은 화폐와 자산으 로 널리 쓰이지만 초기부터 그랬던 것은 아니다. 초기 비트코인은 암호 학자들과 사이퍼 펑크 지지자, 프로그래머들 사이 일종의 놀이이자 기념 품이었다. 비트코인이 출시된 후 1년 4개월이 지난 2010년 5월 22일 첫 실물 결제가 이뤄진 것이다.

초기 비트코인 프로그래머이자 채굴자인 미국인 '라스즐로 핸예츠(Laszlo Hanyecz)'는 비트코인 커뮤니티(bitcointalk.org)에 10,000개의 비트코인 과 피자 2판을 교환하기를 원한다며 "비트코인으로 피자를?"이라는 제목 의 글을 올렸다.

디지털자산 메타버스의 미래

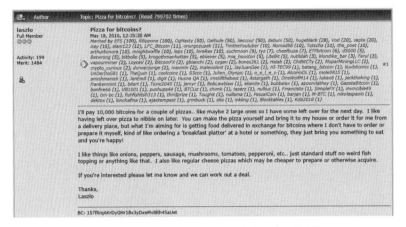

[핸예츠의 비트코인 10,000개와 피자 교환 요청 글]
출처 : bitcointalk.org

"나는 큰 피자 두 판을 원해. 누군가 나에게 배달시켜 준다면 10,000 비트코인을 지불할거야."

"양파, 고추, 소시지, 버섯, 토마토, 페퍼로니 등이 든 콤비네이션 피자가 좋을 것 같아."

글을 본 영국인 jercos는 플로리다 레스토랑에서 피자 두 판을 주문해 라스즐로의 집으로 배달해 주고 10,000 비트코인을 받았다. 비트코인 1개당 가격은 당시 시세로 0.00076달러, 약 0.8원. 1만 비트코인 가격은 약 41달러. 라지 사이즈 피자 두 판은 약 30달러였다.

비트코인 최고가 69,000달러로 계산하면 라스즐로는 6억 9천만 달러(원화 기준 9천 200억 원)의 피자를 먹은 셈이다.

[핸예츠의 비트코인 ↔ 피자 거래 성사 인증 글]
출처 : bitcointalk.org

　핸예츠는 거래 성사 후 커뮤니티에 인증 글을 올렸다. 게시물은 식탁 위 파파존스 라지 사이즈 피자 두 판이 올려져 있었고, 핸예츠의 자녀로 보이는 아이가 피자를 먹기 위해 손을 뻗는 사진이 있었다. 비트코인 지지자들은 드디어 "비트코인과 현물 간 거래가 이뤄졌다."며 환호했다. '비트코인 피자 데이' 이후 비트코인의 교환가치가 부각되며 시세가 급등했는데, 석 달 뒤 2010년 8월엔 1만 비트코인 가격이 600달러로 15배 상승했다.

[핸예츠의 비트코인 ↔ 피자 2번째 거래 인증]
출처 : cointelegraph

8년이 지난 2018년 2월, 핸예츠는 또 다른 비트코인-피자 거래 인증샷을 커뮤니티에 올렸다. 비트코인의 확장성(결제 처리 속도)문제를 개선한 라이트닝 네트워크(lightning network)로 비트코인을 송금해 피자를 산 기념이었다.

* 라이트닝 네트워크(lightning network)

라이트닝 네트워크는 2016년 1월 조셉 푼(Joseph Poon)과 타데우스 드리자(Thaddeus Dryja)가 제안한 프로토콜이다. 기존 비트코인의 느린 처리 속도를 해결하고 빠른 속도를 위해 개별 거래를 별도의 채널에서 처리한 후 그 결과만 블록체인에 기록하는 방식으로 작동한다.

라이트닝 네트워크는 비트코인 네트워크와는 별개의 네트워크다. 라이트닝 네트워크에는 자체적인 노드와 소프트웨어가 존재하며 비트코인 네트워크와 통신한다. 라이트닝 네트워크는 이름처럼 무척 빠르게 동작한다. 블록 컨펌을 기다리지 않아도 되며, 지불은 여러분의 인터넷 접속 속도만큼 빠르게 처리될 수 있다.

핸예츠는 2019년 인터뷰에서 "비트코인 10,000개로 피자를 산 것을 후회하지 않는다."며 "비트코인 초기 역사의 일부분이 될 수 있어 영광이다."라고 밝혔다.

5-2 어둠의 시장 실크로드

사토시 나카모토가 비트코인의 메시아였다면 로스 울브리히트(Ross William Ulbricht)는 악당이다.

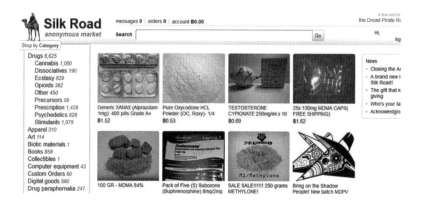

[다크넷(darknet) 실크로드(silkroad)]
출처 : bbc

2011년 울브리히트가 개설한 다크넷(darknet) 실크로드(silkroad)는 2013년 FBI에 의해 폐쇄할 때까지 마약, 무기, 매춘, 해킹 기술 등의 불법 상품과 컨텐츠를 판매했다. 텍사스 출신 울브리히트는 2009년 중고 책

온라인 판매점 창업 실패 후 '공포의 해적 로버츠'(Dread Pirate Roberts)라는 가명으로 실크로드를 시작했다. 실크로드는 짧은 시간에 인터넷 주요 마약 거래처로 발전했는데 실크로드의 유일한 결제 수단은 당시만 해도 대중화되지 않던 비트코인이었다. 사용자는 자신의 IP 주소를 감출 수 있는 토르(Tor)를 통해 실크로드에 접속해 불법 상품과 컨텐츠를 거래하는 데 비트코인을 사용했다.

비트코인의 초기 가격 형성에 실크로드의 역할이 컸다. 실크로드에서 활동하려면 비트코인을 먼저 사야 했기 때문이다. 울브리히트는 실크로드에서 사용자 간 거래가 생길 때마다 최대 10%의 수수료를 받았다.

[다크넷 실크로드 운영자 로스 울브리히트(Ross William Ulbricht)]
출처 : wikipedia

　　　　　　　　　　　　　　디지털자산 메타버스의 미래

울브리히트는 2013년 FBI에 의해 체포됐고 실크로드도 폐쇄됐다. 당시 비트코인 시세는 145달러에서 109달러로 하락했다. 실크로드 회원 수는 100만 명에 달했고 압류된 비트코인은 144,000개였다. 울브리히트는 2015년 돈 세탁, 컴퓨터 해킹, 불법 신분증 공모, 불법 무역 공모, 인터넷을 통한 마약 불법 거래 공모로 가석방 없는 종신형을 선고받았다. 2017년과 2018년 항소했으나 기각되며 현재까지 복역 중이다.

실크로드 사건과 같이 비트코인 초기 사용처는 제한되고 폐쇄된 공간이었다.

딥 웹은 우리가 일반적으로 사용하는 월드 와이드 웹(www) 또는 표면 웹(surface web)과 더불어 눈에 잘 띄지 않는 폐쇄된 인터넷 세상을 말한다. 딥 웹은 일반적인 웹브라우저가 아닌 토르 브라우저와 같은 특수한 브라우저로만 접속이 가능하다.

딥 웹에서도 가장 은밀한 곳을 '다크넷'이라고 한다. 다크넷은 법의 감시망을 피해 익명으로 활동하는 자들이 만들어 놓은 불법적인 세상이다. 이곳엔 해커 그룹으로부터 봇, 불법 거래, 포르노, 도박 사이트, 익명 정치 포럼 등 다양한 형태의 불법적인 사용자들이 존재했다. 비트코인 초기 성장에 다크넷이 지대한 공헌을 한 것은 사실이다. 실크로드와 같이 다크넷의 기축 통화가 비트코인이었기 때문이다. 2013년 비트코인 붐이 일어나기 전까지 대부분의 비트코인 이동은 다크넷과 사토시 다이스란 비트코인 도박 사이트에서 이루어졌는데 불법 거래를 하는 이들에겐 신분을 드러내지 않는 화폐가 필요했고 그들에 의해 비트코인 수요가 증가했던 것이다.

결국 실크로드는 폐쇄되고 실크로드가 보유한 모든 비트코인은 압수
된 이 사건은 비트코인 사용자들에게 비트코인도 기존 화폐와 마찬가지
로 공권력에 의해 추적될 수 있다는 사실을 알렸다. 때문에 딥 웹과 다크
넷 마켓에서 활동하는 어둠의 세력은 공권력 추적을 피하기 위한 방법에
더욱 골몰하는 계기가 되었다. 이런 아이디어는 훗날 추적 불가능한 익
명 화폐로 이어지며 비트코인 이후 대시, 모네로, 지캐시 등의 익명 화폐
가 발전하게 된 계기가 되었다.

5-3 키프로스 금융 위기

비트코인이 본격적으로 주목 받은 건 2013년 키프로스(Cyprus) 금융 위기다.

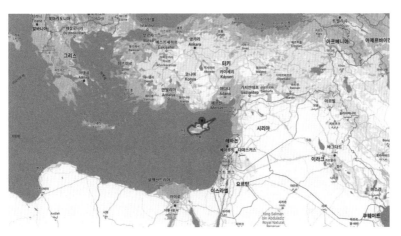

[지중해 동부에 있는 섬나라 키프로스]
출처 : https://www.google.co.kr/maps/place/%ED%82%A4%ED%94%84%EB%A1%9C%EC%8A%A4/

인구 100만 명의 작은 섬나라 키프로스는 지중해 대표적 휴양지인데

GDP 2,040억 달러로 경제 규모가 작은 나라였다. 하지만 금융 규모는 비정상적으로 컸다. 2012년 당시 키프로스 은행의 예금은 700억 달러에 달했다. 그 이유는 규제가 느슨하고 자금 세탁이 쉬워 전 세계 부호들의 조세 피난처였기 때문인데 특히 러시아 부호들은 키프로스에 200억 달러에 달하는 돈을 예치하고 있었다. 그러던 중 유럽의 재정 위기가 닥쳤고 그 여파는 키프로스까지 미쳤다.

2013년 3월 16일 유럽 중앙은행으로부터 구제 금융을 받게 된 키프로스 정부는 '긴급 금융 위기 해결 방안'이란 담화문을 발표했다. 담화문의 주요 내용은 뱅크런을 우려해 은행 예금을 동결하고 예금에 세금을 부과한다는 것이었다.

- 300 유로 이상 예금 인출을 제한.
- 10만 유로가 넘는 예금에는 9.9%의 세금 부과.
- 2만~10만 유로 미만의 예금에는 6.75%의 세금을 부과.

키프로스 정부가 구제 금융을 받는 대가로 고액 예금에 대한 손실을 받아들인 것이다. 사람들은 구제 금융 과정에서 은행 예금도 떼일 수 있다는 불안감이 커졌다. 이후 키프로스 국민들은 하루 300유로의 예금이라도 인출하기 위해 새벽부터 은행 앞에 줄을 서야 했다.

이 소식은 키프로스에 예금한 러시아 부호들에게 청천벽력 같은 소식이었다. 예치한 돈에 대한 이자는커녕 원금의 -10%나 떼고 구제 금융 과정에서 원금 안정성도 보장받을 수 없다는 불안감이 팽배해졌다. 예금의

디지털자산 메타버스의 미래

대부분을 본토인 러시아 몰래 예치했기 때문에 다시 러시아로 출금할 수도 없었다. 러시아 예금주가 돈을 익명으로 안전하게 감출 곳을 찾다 대안으로 떠오른 것이 바로 비트코인이었다. 비트코인이 새로운 조세 피난처로 부각된 것이다.

2013년 키프로스 사태가 의미 있는 이유는 이 사건이 비트코인을 단숨에 법정 화폐의 대안으로 떠오르게 했기 때문이다. 멀쩡하던 은행이 파산할지 모른다는 불안감에 유로존 사람들은 예금을 대체할 수단을 찾기 시작했고 비트코인 수요는 급격하게 늘어났다. 2013년 2월 30달러였던 비트코인 가격은 4월 230달러까지 657% 폭등했다. 키프로스 국민들의 비트코인 검색 빈도가 급증했고 관련 모바일 앱 다운로드 건수가 급상승했다.

키프로스 사태는 비트코인의 익명성으로 인한 자금 회피 수단이라는 어두운 면을 보여 줬지만 불확실한 경제, 금융 상황에서 비트코인이 안전 자산 역할을 할 수 있다는 점을 부각시킨 계기가 되었다. 위험을 회피하는 가치 저장 수단이자 안전 자산인 비트코인의 가능성이 주목받은 것이다.

5-4 마운트곡스 해킹

2014년 2월은 암호 화폐 역사상 최악의 해킹인 마운트 곡스(Mt Gox) 사태가 일어난 해다.

마운트곡스는 2010년에서 2014년까지 운영된 일본 소재 암호 화폐 거래소였다. 마운트곡스는 2007년 제드 맥케일럽(Jed McCaleb - 전 리플 창업자. 현 스텔라루멘 창업자)이 온라인 게임 아이템 거래소로 시작했다. 이후 2010년 암호 화폐 거래소로 업종을 바꾼 후 2011년 마크 카펠레스(Mark Karpeles)에게 인수됐다.

카펠러스는 마운트곡스 본사를 도쿄로 이전하고 세계 최대 비트코인 거래소로 성장시켰다. 한때 전 세계 비트코인 거래량의 70~80%를 처리할 정도였다. 2013년 비트코인 급등 때는 시장의 열기를 식히기 위해 며칠 동안 거래를 중단하기도 했다. 마운트곡스는 그 명성만큼 여러 차례 해커의 표적이 되기도 하는 등 보안 문제로 진통을 겪었다.

2011년 6월, 해커가 마운트곡스 서버를 장악해 비트코인 가격을 1센트로 변경했고 마운트곡스 고객의 개인 핫월렛키를 사용해 조작된 가격으로 2,000개의 비트코인을 구매해 출금했다. 마운트곡스는 2014년 2월 초 거래소 암호 화폐 지갑에서 의심스러운 활동을 발견했다며 출금을 중단한 후 수십만 개의 비트코인이 해킹당한 것을 확인했다.

[파산 기자 회견 중인 카펠러스(중앙)와 변호사들]
출처 : CNET

결국 마운트곡스는 2014년 2월 말 해킹으로 비트코인 85만 개(고객 보유분 75만 개, 회사 보유분 10만 개)를 도난당했다고 발표하며 도쿄 지방 법원에 파산 신청을 했고 2014년 청산 명령을 받았다.

마운트곡스가 해킹당한 비트코인 85만 개는 당시 비트코인 총 유통량의 1/10 규모였고 당시 가치 약 6,022억, 2022년 7월 기준 22조에 달했다.

[마운트곡스 본사에서 케펠러스에게 항의하는 해킹 피해자]
출처 : coindesk

마운트곡스 사태로 수많은 비트코인 투자자가 피해를 입자 2014년 2월 비트코인 시세는 800달러에서 100달러까지 폭락했다. 이후 비트코인은 지리한 하락장을 이어 갔고 전고점(800달러)을 회복하기까지 3년이 걸렸다.

마운트곡스는 청산 조사과정에서 파산하기 2년 전 이미 재정적 파산 상태였던 게 밝혀져 충격을 주었다. 회사가 큰 성공을 거두고 있는 것처럼 보였던 2013년, 이미 거의 모든 비트코인이 소실된 상황이었다. 회사 내부는 부실 관리와 무질서가 판을 쳤고 익명의 전 개발자는 회사가 기본적인 소프트웨어 관리 시스템도 사용하지 않았다고 폭로했다. 다행히 조사 과정에서 20만 개의 비트코인이 남아 있는 것으로 발견되어 피해자들

디지털자산 메타버스의 미래

에게 지급을 앞두고 있다.

마운트곡스 사태의 중심에 있는 카펠러스는 2019년 coindesk와의 인터뷰에서 다음과 같이 말했다. "암호 화폐 거래소가 해킹의 위험을 완전히 없애는 것은 불가능하다. 거래소 규모의 문제가 아니다. 인터넷에 연결되는 순간 해킹을 100% 방지하는 것은 불가능하다. 99.9% 안전한 시스템을 만들어도 0.01%의 틈을 노리기 때문이다."

5-5 비트코인은 화폐인가? 자산인가?

2016년 9월 19일, 뉴욕 맨해튼 연방 지방 법원 앨리슨 네이슨 판사는 JP모간체이스를 비롯한 수십 개 기업의 해킹 관련 형사 기소건에서 "비트코인은 화폐에 해당한다."고 판결했다.

이 사건은 2015년 이스라엘인 무르지오 외 2인이 무허가 암호 화폐 거래소 '코인닷엠엑스'를 운영하며 JP모건체이스(J. P. Morgan)를 비롯한 수십 개 기업의 해킹 시도, 주가 조작, 온라인 카지노, 돈 세탁 등 불법 거래로 수억 원을 챙긴 사건이었다.

재판의 쟁점은 '비트코인이 화폐인가? 아닌가?'였다. 피고 코인닷엠엑스 운영자 앤서니 무르지오는 "비트코인은 연방법상 화폐 자격이 없다."며 무혐의를 주장했다. 연방법상 인가를 받지 않은 화폐 거래업은 금지되지만, 비트코인은 법률로 규정하는 화폐가 아니라는 것이다. 하지만 네이슨 판사의 판단은 달랐다. 네이슨 판사는 판결문에서 "비트코인이 재화와 서비스의 지급 수단으로 사용되고 있고 지갑 계좌를 통해 직접적으로 교환이 가능하기 때문에 '금전적 재원, 교환 수단, 지불 수단'이라는 연방법상 화폐와 자금의 정의에 해당한다."고 밝혔다.

'비트코인이 화폐인가? 아닌가?'에 대한 국가별 정의는 아직도 제각각
이지만 비트코인을 화폐로 인정하고 도입하는 움직임은 계속되고 있다.

영국은 2014년 8월 비트코인을 세계 최초 '디지털 화폐'로 인정했다.
　당시 국가 대부분이 비트코인을 '화폐'로 인정하기보다 재산으로 규정
한 반면, 영국은 비트코인을 화폐로 인정해 제도권으로 끌어들여 런던을
디지털 금융의 중심지로 키우는 정책을 택했다.
　조지 오스본 영국 재무 장관은 Innovate Finance 출범식에서 "영국을
비트코인 및 유사 디지털 화폐의 글로벌 중심지로 만들 수 있는지 알아보
기 위해 디지털 화폐의 가치와 잠재력을 연구할 정부 차원 프로그램을 가
동하겠다."고 밝혔다.

엘살바도르는 2021년 6월 비트코인을 세계 최초 '법정 화폐'로 채택했다.
　엘살바도르 의회는 비트코인을 미국 달러(USD)와 함께 자국 법정 화
폐로 취급하는 법안을 62명 찬성, 19명 반대, 3명 기권으로 승인했다. 승
인 법안은 엘살바도르의 각종 상품 및 서비스, 세금 등의 비트코인 결제
를 가능하게 한다는 내용으로 모든 경제 주체는 법정 화폐인 비트코인을
결제수단으로 지원해야 한다는 내용이었다. 당시 나예브 부켈레 엘살바
도르 대통령은 트위터에서 비트코인 도입 소식과 함께 "우리는 과거의 패
러다임을 깨야 한다."며 "엘살바도르는 제1세계를 향해 나아갈 권리가 있
다."고 말했다.

중앙아프리카공화국도 2022년 4월 엘살바도르에 이어 세계 2번째로 비트코인을 '법정 화폐'로 채택했다. 중앙아프리카공화국 의회는 비트코인을 법정 화폐로 제정하고 사용을 합법화하는 법안을 만장일치로 통과시키며 "이로써 중앙아프리카공화국은 아프리카에서 최초로 비트코인을 법정 화폐로 채택한 국가가 됐다."고 말했다. 중앙아프리카공화국은 법안에 따라 비트코인을 기존 법정 화폐인 CFA 프랑과 함께 법정 화폐로 인정하며 사용하고 있다.

디지털자산 메타버스의 미래

5-6 비트코인 펀드와 선물 거래

비트코인 펀드와 ETF, 선물 거래 출시는 비트코인이 제도권 금융으로 진입했음을 의미한다.

2009년 처음 세상에 나타난 비트코인은 21세기 튤립 버블, 실체 없는 폰지 사기, 글로벌 도박장이라는 수많은 비판을 받으면서도 지금까지 화폐와 자산으로서의 가치를 유지하며 발전해 왔다.

* ETF(Exchange Traded Fund)

Exchange Traded Fund의 약자로 Exchange 거래소에서, Traded 거래되는, Fund 펀드를 말한다. 펀드는 하나의 목적을 가지고 여러 명으로부터 모은 돈으로 운영된다. ETF의 펀드는 정확히 말하면 인덱스 펀드이다. 인덱스는 '일정한 순서에 따라 배열한 목록'을 뜻하는데 결국, 단순히 지수를 따르는 것으로(예 : 코스피 200, 코스닥 150 등) 코스피 200을 쫓는 인덱스 펀드는 코스피200 안에 있는 200개 회사 주식을 포함한다. (시가 총액 순으로 쭉 매수) 상위 200개 회사 주식을 1주씩 직접 다 사려면 엄청 큰돈이 들지만 인덱스 펀드를 이용하면 10만 원만 투자해도 200개

회사에 동시 투자하는 효과를 누릴 수 있다. 이 펀드를 주식시장에 상장
시켜 개별 종목처럼 사고팔 수 있도록 한 것이 ETF(E : 거래소에서 T : 거
래되는 F : 펀드)다. ETF는 개별주식 투자에 비해 종목을 일일이 선별하
지 않고 다수의 상위 종목을 한방에 손쉽게 투자할 수 있다. 비교적 낮은
수수료에 주식처럼 쉽게 사고팔 수 있다는 장점이 있어 다양한 형태의
ETF가 출시되고 있다.

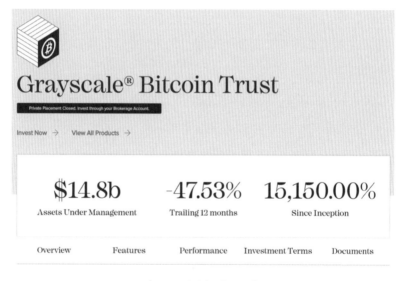

[grayscale-bitcoin-trust]
출처 : grayscale.com

2013년 출시된 '그레이스케일 비트코인트러스트(Grayscale Bitcoin Trust
이하 GBTC)'는 전 세계적으로 가장 유명한 비트코인 펀드다.

그레이스케일은(Grayscale)은 암호 화폐 업계의 큰 손 베리 실버트(Barry
Silbert)가 만든 세계 최대의 암호 화폐 자산관리 기업으로 모회사인

디지털자산 메타버스의 미래

DGC(Digital currency group)는 마스터카드, 웨스턴유니온, 푸르덴셜 등 전통 금융 거물과도 연결되어 있고 미국 최대 거래소 코인베이스(coinbase), 하드웨어 지갑 점유율 1위 렛저(ledger) 등 160여 개 블록체인 업체에 투자하고 있다.

SEC 규제에 의해 미국 기관이나 기업은 비트코인(BTC)에 대해 직접적으로 투자할 수 없는 어려움이 있었다. 이런 규제 등의 이유로 비트코인을 직접 구매하기 힘든 기관 투자자들을 위해 그레이스케일이 구입한 비트코인을 증권의 형태로 판매하는 일종의 BTC 펀드인 'GBTC'가 탄생했다. GBTC는 기관 투자자의 자금으로 거래소를 통해 BTC를 매입한 뒤 콜드월렛(cold wallet)에 보관하는 구조로 크레이스케일에서 운용하고 있다.

GBTC 가격은 CoinDesk 비트코인 가격 지수(XBX)를 기준으로 하며 미국의 공인 투자자만 투자할 수 있으며 최소 투자 금액은 50,000달러, 수수료는 연 2%다. GBTC 투자자는 미국 증권법에 따라 6개월간 의무보유기간을 거친 후 장외 거래소에서만 거래가 가능하다.

2017년 12월 18일 세계 최대의 상품거래소 시카고상품거래소(CME)는 제도권 금융 최초로 비트코인 선물 거래를 시작했다. 이는 비트코인이 자산(상품)의 반열에 오른 역사적인 순간이었다.

비트코인에 대한 투자 자산으로서의 성격 규정이 미흡했던 상황에서 그동안 암호 화폐 투자가 금지되어 왔던 제도권 기관 투자자들도 비트코인 선물 거래를 통해 보다 쉽게 접근할 수 있는 길이 열린 것이다. 비트코

인 선물은 상장 이후 꾸준히 성장하며 세계적인 투자 상품으로 발전하고
있다.

[CME 비트코인 선물]
출처 : investing.com

CMX 비트코인 선물 거래 기초자산은 현물지수 BRR(Bitcoin Reference
Rate)이며, 세계 주요 암호 화폐거래소인 Bitstamp, Coinbase, Gemini, itBit,
Kraken 등에서 거래되고 있는 비트코인 현물 가격을 평균하여 계산된다.
CME 비트코인 선물은 1계약당 5BTC로 3개월 단위로 새로운 월물이 생

성된다. 가격 제한폭은 일일 20%이다.

2017년 12월 CME 선물 도입 소식으로 비트코인은 19,800달러대까지 상승하며 사상 최고가를 갱신했고 선물 거래량이 지속적으로 늘며 시장이 커지고 있다.

6장

NFT 자산의
새로운 미래

6-1 NFT
(Non-Fungible Token 대체 불가능 토큰)

NFT는 "Non(불가능)"과 "Fungible Token(대체 가능한 토큰)"어로 '대체 불가능한 토큰'이다.

⟨ NFT(Non-Fungible Token)와 FT(Fungible Token) 특성 비교 ⟩

특성	Token	
	NFT(Non-Fungible Token)	FT(Fungible Token)
고유성	• 각각의 토큰에 출처, 발행 시간, 소유자 정보, 링크 등 고유 정보를 보유 • 같은 유형의 토큰이라도 각각 다른 정보와 속성으로 인해 서로 구분이 가능	• 소유자에 대한 정보를 명시할 수 없으며, 서로 구별이 불가능 • 같은 유형의 토큰은 다른 유형의 토큰과 같은 기능을 지님
상호 교환성	• 하나의 토큰은 고유한 정보와 접근권한을 갖기에 다른 토큰으로 대체 불가능	• 토큰은 동일한 값을 가지는 토큰과 1:1로 교환이 가능
분할성	• 소수점 단위의 분할 불가능 • NFT 하나에 대체 가능한 토큰 N개를 발행하여 소유권을 1/N로 나누는 방식은 가능	• 소수점 단위의 분할 가능 • 총합이 동일한 가치를 가지고 있으면 어떤 단위든 분할하여 사용 가능
적용 사례	• 토큰화된 디지털 자산 (게임, 미술품, 디지털 수집품, 디파이 등)	• 암호화폐(비트코인, 이더리움 등)

※ 자료: 정보통신기획평가원(IITP)

[NFT와 FT 특성 비교]
출처 : https://www.ntis.go.kr/rndtrend/PolDtl.do?reg_div=REG100&pol_id=ISUE_000000000001015&l_div_cd=CL0010&m_div_cd=CM1012

그렇다면, 대체 가능(Fungible)한 토큰(Token)은 무엇일까?

총 발행량이 2,100만 개로 정해진 비트코인 1개의 가격은 2022년 9월

디지털자산 메타버스의 미래

기준 2만 달러다.

비트코인 1개가 2만 달러라는 가치는 첫 번째로 발행된 코인과 1,000번째 발행된 코인이 다르지 않다. 10,000번째 발행된 비트코인도 마찬가지다. 어느 시점에 발행되었든 1 : 1로 동등한 가치를 가지고 있고 따로 구분할 수 없다. NFT 이전의 모든 암호 화폐가 비트코인과 같았다.

반면 NFT는 다른 토큰으로 대체할 수 없는 토큰이다.

변조불가능한 블록체인 기술을 이용해 각 토큰마다 고유의 정보를 저장해 차별화된 가치를 만든 것이다. 암호 화폐는 각 자산별 동일한 가치가 부여되어 이를 1/10, 1/100로 쪼개져 분할하여 관리할 수 있으나 NFT는 분할되지 않는다. 이런 특성으로 NFT는 디지털상에 존재하는 모든 유형과 무형 자산에 개별적인 소유권을 부여할 수 있다.

비트코인이 하지 못한 각 자산의 '대체 불가능'으로 디지털 자산의 고유성을 확보한 것이다.

예를 들어, 유명 미술 작품 NFT를 구매한다면, 고해상 원본 파일을 전달받는 게 아니라 내가 이 원본 영상의 소유자라는 걸 확인, 증명받는 토큰을 받게 된다. 처음부터 만질 수 없고, 무한정 재생산할 수 있는 디지털 자산이기 때문에 원본 파일보다 소유권 자체가 더 중요한 것이다. 가장 주목받는 분야는 당연히 오리지널리티가 중요한 예술 분야이지만 인스타그램 게시물, 게임 아이템, 심지어 트위터까지 디지털 세상의 모든 자산은 NFT로 만들 수 있다.

그동안 디지털세상의 자산은 실물이 없었기 때문에 손쉽게 복사가 가능했고 그 가치를 인정받지 못했다. 반면 NFT는 현실 세계의 '증명서'와 같은 역할을 하면서 디지털 자산의 고유 가치 및 소유권을 인정받을 수 있는 기반을 마련했다. 누구나 나만의 사진, 영상, 미술품, 부동산, 게임 아이템 등의 디지털 자산에 NFT를 부여해 독립성을 확보함으로써, 새로운 가치가 만들어지고 유통이 가능해지게 되었다.

블록체인과 암호 화폐의 눈부신 성장에도 아직 지속 가능성에 대한 논란은 진행 중이다.

이런 가운데 NFT가 등장했고 NFT 열풍은 각종 산업을 휩쓸고 있다.

세계 최대 NFT 마켓 오픈씨(OpenSea)는 2021년 12월 16일 기준 누적 거래액 133억 달러(15조 7억 원)를 돌파했다. 2021년 200년의 역사를 자랑하는 영국 콜린스 사전(Collins dictionary)은 올해의 단어로 NFT를 선정했다.

세상에 없던 새로운 산업과 시장이 생긴 것이다.

6-2 NFT의 역사

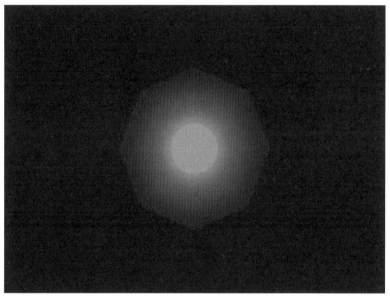

[NFT의 모티브가 된 된 '퀀텀']
출처 : mccoyspace.com

오늘날 NFT의 모티브가 된 것은 2014년 탄생한 '퀀텀'이다.

뉴욕대학교에서 예술을 가르치던 디지털 아티스트 '케빈 맥코이'는 2013

년 하반기 비트코인을 알게 되었다. 케빈은 비트코인을 디지털 아트에 어떻게 접목할지 고민했는데 예술가들이 자신의 디지털 작품을 만들어 비트코인처럼 유통하게 된다면 새로운 혁신이 될 것이라 확신했다. 케빈은 개발자 '애닐 대시'와 함께 퀀텀을 네임코인 블록체인에서 민팅(판매)했다. '퀀텀'은 7년이 지나 2021년 6월 소더비 경매에서 140만 달러에 낙찰됐다.

[최초의 NFT '크립토펑크']
출처 : larvalabs.com/cryptopunks

'퀀텀'이 '이미지를 블록체인에 기록하고 소유권을 검증하는 아이디어를 실현했다면 실질적인 NFT 기술이 최초로 활용된 사례는 이더리움에서 발행된 '크립토펑크'다.

비탈릭 부테린은 이더리움을 출시한 이후 이더리움이 인기를 끌면서 다양한 어플리케이션이 만들어지고 토큰이 발행되었다. 2017년 6월 라바랩스는 기존의 이더리움 토큰 규약 ERC-20를 변형하여 10,000개의 고유한 토큰을 발행하고 각 토큰에 유니크한 사람 형상의 아이콘을 부여했다. 이것이 오늘날 NFT의 시초인 크립토펑크다.

디지털자산 메타버스의 미래

NFT가 대중적으로 활성화된 것은 2017년 이후다.

이더리움을 기반으로 NFT를 발행하기 위한 ERC-721이라는 새로운 토큰 규약이 생기면서 이를 기반으로 한 NFT 프로젝트들이 본격적으로 생겨나기 시작했다.

[이더리움 기반 NFT 온라인 게임 크립토키티]
출처 : cryptokitties.co

2017년 12월 출시된 크립토키티는 NFT를 활용한 세계 최초 블록체인(이더리움) 기반 온라인 게임이다.

크립토키티는 가상의 펫(고양이)을 육성하는 게임으로 고양이 캐릭터를 수집하고 교배하며 이더리움을 통해 거래되었다. 크립토키티에서 새로 탄생한 고양이는 제각각 다른 모습을 하고 있었는데 고양이의 모습은

ERC-721 표준 기술을 사용하여 랜덤으로 결정되도록 설계되었다.

이런 로직으로 게임 유저들은 전 세계에 단 하나밖에 없는 고양이를 갖게 되었고 디지털 이미지에 불과한 고양이 한 마리가 1억 원이 넘는 금액에 팔리기도 하였다.

크립토키티는 투기와 사행성 조장을 우려하는 목소리도 있었지만 암호 화폐와 NFT를 게임에 접목시켰다는 점에서 높은 평가를 받았다. 크립토키티의 성공은 NFT가 대중들에게 인식되는 계기가 되었다.

6-3 NFT의 활용 사례

NFT는 미술분야에서 혁신을 가져왔다.

[EVERYDAYS : THE FIRST 5000 DAYS]
출처 : BEEPLE | THE FIRST 5000 DAYS

미국의 예술가 비플(Beeple)이 2007년부터 15년 동안 하루도 빠짐없이 만든 5,000점의 작품을 모은 디지털 아트를 NFT로 발행했다. 비플의 작품은 2021년 3월 12일 크리스티 경매에서 6,930만 달러에 팔리며 NFT 역사에 한 획을 그었다.

NFT는 기존 미술품 시장의 문제점 중 하나인 추급권(미술품 재판매권)을 혁신하기도 했다.

추급권은 미술품을 창작한 작가가 소유권을 넘기더라도 그 뒤에 이뤄지는 매매에서 매매가의 일정 비율을 받을 수 있는 권리를 뜻한다.

미술작품은 오직 '원작'에만 가치가 있기 때문에 창작자가 자신의 작품을 한 번 팔고 나면 더 이상의 수익을 얻기가 어려웠다.

한 수집가가 작가 '라우센버그'의 「해빙(Thaw)」이라는 작품을 900달러(약 129만 원)에 사서 소더비 경매에서 8만 5,000달러(약 1억 2,189만 원)에 팔았는데, 당시 원작자 라우센버그가 "내가 너한테 떼돈 벌어 주려고 그렇게 개고생한 거냐."라고 소리쳤다는 일화는 유명하다. 수없이 많은 미술가가 빈센트 반 고흐처럼 유명세를 얻기 전 가난하게 세상을 떠났다. 국내 미술품 경매 사상 최고가 '우주'(약 131억 원)를 그린 김환기 화가도 생활고에 시달렸다. 때문에 추급권은 상대적으로 불리한 미술저작자의 권리를 보호하는 역할을 하고 있다.

하지만 미술 시장이 불투명하다는 점, 미술품 가격 공개가 오히려 미술품 양도에 걸림돌이 될 수 있다는 점 등으로 미국을 비롯한 일부 국가에

디지털자산 메타버스의 미래

서만 시행되고 있다.

NFT는 바로 이 점을 해결했는데 NFT에선 추급권을 '로열티'라고 불린다. 로열티는 추급권처럼 NFT가 판매될 때마다 창작자에게 판매 금액의 일정 비율을 돌려주는 것인데 창작자는 NFT를 등록할 때 로열티를 설정할 수 있다. 만약 10% 로열티를 설정하고 미술품이 100만 원에 거래되었다면, 10만 원은 창작자에게 돌아가는 구조다.

NFT의 매력은 바로 여기에 있다고 해도 과언이 아니다. 블록체인 기술을 이용하기 때문에 별도로 청구서를 발행하거나 누가 거래를 했는지 일일이 확인할 필요도 없고 1회, 2회가 아니라 지속적으로 거래될 때마다 영구적으로 창작자의 디지털 지갑에 자동 입금된다.

예술가들이 본인들의 작품을 콜렉터들에게 직접 판매 가능하게 됨으로 아티스트가 주체적, 창조적 경쟁력을 확보하게 되었다. NFT 미술은 갤러리나 경매를 통해 유통되는 소수 특권층의 전유물로 전락한 미술시장을 작가와 구매자가 NFT를 통해 진품을 보장받으며 직거래를 함으로 혁신을 가져다줄 것으로 예상된다.

명품과 패션 시장도 NFT 도입에 적극적이다.

A revolution in the luxury industry

THE FIRST BLOCKCHAIN SOLUTION MADE BY LUXURY BRANDS FOR LUXURY BRANDS

The Aura Blockchain Consortium was created in April 2021 by LVMH, Prada Group and Cartier, part of the OTB Group that joined in October 2021 and Mercedes-Benz in May 2022, it has the aim to develop the applications of blockchain technology and raise the standards of luxury.

We are the first non-profit association of luxury brands investing in technologies and innovative thinking to bring the customer experience to a new level and build a virtuous future for the luxury industry.

By promoting the use of a single global blockchain solution open to all luxury brands of all industry sectors worldwide, Aura Blockchain Consortium accelerates the transition to a circular business model, trust and transparency for customers, innovation and sustainability.

[글로벌 명품 블록체인 플랫폼 아우라(AURA)]
출처 : auraluxuryblockchain.com

글로벌 명품 브랜드 3사(루이비통, 까르띠에, 프라다)는 2021년 4월에 블록체인 플랫폼 '아우라'를 출시했다. 명품을 구매한 소비자는 '아우라'를 통해 명품의 진위를 판별할 수 있는 고유한 디지털 코드를 받게 된다. 이 코드에는 제작 국가, 제조 및 유통 과정, 소유권 등의 정보가 담겨 있다. 유명 스포츠 브랜드 나이키는 NFT로 제공하는 방법에 대한 특허 출원하며 한정판 운동화에 적용하고 있다. 이렇게 출시된 운동화는 '크립토킥스(CryptoKicks)'라는 브랜드로 해당 신발을 구매하면 신발의 고유한 NFT를 함께 받는다. 이를 통해 운동화의 소유권과 정품 여부를 확인할 수 있다. 짝퉁 제품이 많이 생산되는 명품과 패션 시장에 NFT 기술은 환영 받을 수밖에 없다.

게임 업계도 NFT 도입에 적극적이다.

2021년 3분기 동안 약 75만 4,000개의 고유 활성 지갑이 NFT 기반 게임과 연결되었으며 대형 게임사부터 중소 게임사까지 NFT를 접목한 게임의 출사표를 던지고 있다.

국내 대형 게임사 엔씨소프트, 넷마블, 넥슨을 비롯해 위메이드, 컴투스 그룹, 크래프톤, 카카오게임즈, 네오위즈 등 중소 게임사까지 NFT 시장에 진출하고 있다.

게임의 NFT 접목은 게임을 하면서 돈을 버는 P2E(Play to Earn)로 가속화되고 있다.

P2E 모델이 적용된 게임은 아이템이 블록체인에 기록돼 게임 이용자의 소유권이 증명되고 이용자가 가진 아이템을 NFT로 만들어 2차 시장인 NFT 마켓에서 암호 화폐로 거래하고 현금으로 바꿀 수도 있는 시장을 만들었다.

[P2E 돌풍을 주도한 axie infinity]
출처 : axieinfinity.com

P2E 게임의 대표적인 예는 베트남에서 나온 '엑시 인피니티'다. 엑시 인피니티에 등장하는 캐릭터 '엑시(Axie)'는 NFT로 엑시를 수집하고 교배시키는 등 키우면 토큰 AXS·SLP 등을 얻을 수 있다. 이렇게 얻은 토큰을 온라인 시장인 '엑시인피니티 마켓 플레이스'에서 거래해 암호 화폐 거래소를 통해 현금화할 수 있다. 엑시인피니티의 기축 통화인 AXS는 최초 0.18달러에서 2021년 11월 160달러까지 급등하며 P2E의 돌풍을 이끌었다.

NFT는 부동산과 금융에도 접목되어 누구나 큰 자금없이 투자할 수 있는 환경을 만들고 있다.

부동산 NFT 시장은 큰 자본을 가진 부자가 아니어도 많은 사람들이 부동산을 소유하게 되며, 소액으로도 부동산 임대 수익과 부동산 시세 차익을 얻을 수 있다. 소액 투자자들인 일반 대중들도 부동산 투자 시장에 자유로이 참여할 수 있고, 부동산을 전체가 아닌 부분으로 나누어 일부를 거래하게 된다. 모든 거래 기록을 공유함으로써 입증되는 투명성은 시장에 대한 전체적인 신뢰도를 높여 주며, 시장에 참여한 모든 사람들의 소유권과 거래에 대한 안전성을 보장한다. 부동산 신탁 수익 증권을 NFT로 발행하므로 조각 거래가 가능하게 된 것이다.

건물 소유 법인의 주식 증권을 NFT로 발행하여 투자자들이 보유한 지분에 따른 건물 매매 등의 의결권 행사 및 수익 배당 가능해 다양한 형태의 부동산 소액투자 상품 개발이 가능하다.

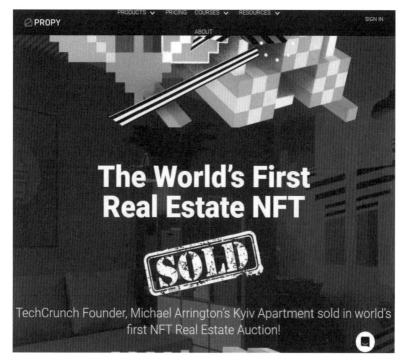

[실물 부동산 기반 NFT를 발행한 프로피(Propy)]
출처 : propy.com/browse/propy-nft/

　실례로 미국의 블록체인 스타트업 프로피(Propy)는 2021년 현실 부동산 판매를 원활하게 할 수 있도록 NFT와 스마트 계약 개념을 도입했다. NFT로 아파트를 판매하고 NFT를 이용해 법적 중빙까지 마무리하기 위한 NFT를 완판시키며 시장의 주목을 끌었다. 프로피와 경쟁하는 기업 리얼티(RealT)도 부동산 투자 플랫폼으로 전 세계 투자자가 토큰 기반 블록체인 네트워크를 통해 미국 부동산 시장에 투자할 수 있도록 하는 사업을 전개하고 있다.

NFT는 엔터메이먼트 시장에서도 각광받고 있다.

한류열풍과 함께 커진 팬덤을 기반으로 판매하는 NFT 수요와 시장성은 지속적인 성장을 할 것으로 기대받고 있다. 엔터테이먼트 기업들은 NFT 사업을 통해 기존 IP를 활용한 신규 수익 창출이 가능하다. 미국의 거대 장난감 회사인 MGA는 세계적으로 유명한 브랜드 LOL 서프라이즈에 NFT 기능 출시 준비 중이다. 아티스트들의 팬덤은 자신이 좋아하는 스타를 위해 기꺼이 지갑을 열 준비가 돼 있다는 점에서 엔터테인먼트 업계가 NFT의 대중화를 이끌 것으로 기대된다. 하이브는 NFT를 통해 포토 카드를 발행해 방탄소년단 멤버인 정국의 포토 카드는 인도네시아에서 약 300만 원에 거래되었다. SM은 엔터 산업에 메타버스를 접목한 SM의 세계관 'SM 컬처 유니버스(SM Culture Universe, SMCU)'를 준비 중이다.

[한류스타 싸이의 NFT 싸이거(PSYger)]
출처 : sopsyety.io

한류스타 싸이는 팬 커뮤니티 쏘사이어티(soPSYety) 오픈하며 첫 번째 NFT 싸이거(PSYger) 5,200개를 발행했다. 싸이거 NFT를 보유한 사람은 앞으로 진행될 모든 '싸이 올나잇스탠드'와 '흠뻑쇼'의 사전 예매권 2매를 지급받아 사전 예매 혜택을 받는다. 싸이거 NFT는 실 사용처가 확실한 NFT를 팬덤 기반으로 발행하면서 NFT의 좋은 실사용 사례로 평가받고 있다.

초기 NFT 시장은 단순한 이미지인 PFP 위주였지만 최근에는 실질적인 유틸리티를 가지고 다양한 산업 분야에 적용되며 잠재력을 발휘하고 있다.

6-4 NFT로 완성된 메타버스

메타버스는 초월을 뜻하는 메타(meta)와 세계를 뜻하는 유니버스 (universe)의 합성어로 1992년 닐 스티븐슨의 소설 스노우 크래쉬에서 처음 등장했다. 현재는 가상과 현실의 구분이 불명확한, 경계가 모호한 세계를 의미한다.

메타버스와 기존의 게임이나 SNS의 차이점은 자유도와 경제 활동이다. 메타버스에서는 틀과 규칙에 짜여진 활동이 아닌 현실과 마찬가지로 실생활처럼 누구나 원하는 행동을 할 수 있다. 이런 행동들은 NFT를 기반으로 이루어져 경제 활동으로 이어진다.

그동안의 디지털 공간의 경제 활동을 제한적이었다. 디지털 세상에서 한정판이라고 해서 샀는데 사실 누구나 다 가질 수 있는 거였다면? 무분별하게 복사가 된다면? 아직까지도 수많은 뮤지션과 웹툰 작가, 프로그램 개발자들이 디지털 불법 복제로 골치를 썩고 있다.

하지만 메타버스에 NFT라는 '디지털 인증서'가 접목되면서 디지털 세

디지털자산 메타버스의 미래

상에서도 내 자산에 대한 고유성을 확보할 수 있게 됐다.

수많은 기업들이 메타버스 사업에 활발히 진출하고 있다.

[메타(Meta) 사명을 변경한 페이스북]
출처 : youtube.com/watch?v=F0uRvxQB-uA

페이스북은 회사 이름까지 메타(Meta)로 바꾸고 메타버스 기업으로 변신을 선언했다.

마이크로소프트(MS)도 자사 글로컨퍼런스 이그나이트에서 회의와 공동 작업을 하는 메타버스 솔루션을 공개했고 2023년 상반기까지 업무 협업 소프트웨어인 'MS 팀즈' 사용자들이 가상 업무 공간에서 아바타로 회의할 수 있는 환경을 만들겠다고 선언했다.

나이키도 메타버스에서 선보일 가상 농구화와 의류, 로고 등에 대한 상표 출원을 신청하고 사업을 진행 중이다.

미국 유명 래퍼 래스눕 독(Snoop Dogg)은 더 샌드박스(The Sandbox)의 메타버스에서 NFT를 활용해 단독 콘서트를 진행했다. 카카오는 지인 기반의 국내 서비스를 넘어 세계인이 사용할 수 있는 공통 관심사 기반의 3차원(3D) 가상공간 플랫폼 '컬러버스'를 준비 중이다. 물리적 국경을 초월해서 세계인이 K-팝, 웹툰 등으로 여러 국가의 사람들을 한곳에서 소통할 수 있게 되는 것이다.

글로벌 통계 전문업체 스태티스타는 메타버스 시장 규모를 2021년 307억 달러에서 2025년에는 2,969억 달러, 2030년 5,000억 달러(600조 원)에 이를 것으로 전망했다. 메타버스가 이렇게 주목 받는 이유는 코로나 19 팬데믹 이후 물리적인 교류가 힘들어지고 가상현실(VR) 및 증강현실(AR) 기술의 발전으로 이전보다 더 현실성 있는 사이버 공간이 구현된 면이 있지만, 무엇보다 NFT의 접목으로 디지털 콘텐츠가 소유권을 가지면서 가상 세계에서 경제 활동이 활발해졌기 때문이다.

에필로그

❧ 금융 시장의 미래 비트코인 ❧

초창기 비트코인은 화폐냐 아니냐가 화두였다. 이후 암호 화폐가 맞냐? 가상 화폐가 맞냐?는 논쟁이 붙었다. 이제는 가상 자산으로 분류되어 취급되고 있지만 이 역시 디지털 자산으로 변화하고 있다. 결과적으로 보면, 기존 기득권의 중앙화에 반해 탈중앙화 혁명으로 시작되었던 비트코인은 살아남기 위해 타협을 하며 진화하고 있는 듯하다.

비트코인은 결국에 금융 시장에서 금융 상품으로 받아지면서 자리잡아 가고 있다.

2017년 12월 세계적인 파생 상품거래소 CME(시카고 상품 거래소)그룹은 비트코인 선물 거래를 시작했다. 그동안 비주류에서 거래되던 비트코인의 주류 편입을 보여 주는 중요한 사건이었다.

2022년 8월 글로벌 1위 자산운용사 블랙록(blackrock)은 암호 화폐 거래소 코인베이스와 파트너십을 체결하고 암호 화폐 시장에 진출했고 2022년 10월 238년의 역사를 가진 미국에서 가장 오래된 은행 BNY멜론(Bank of New York Mellon Corporation)은 암호 화폐 Custody(수탁) 사업을 시작했다.

많은 기업과 기관투자자들이 비트코인 시장에 진출함에 따라 비트코인 가격은 주가 지수 같은 다른 자산들과 상관 관계를 가지며 움직이고 있다. 특히 미국의 대표 주가 지수인 S&P500, 나스닥과 비트코인 가격의 상관관계는 점점 더 커지고 있다.

비트코인은 새로운 대체 투자 수단에 갈증을 느끼고 있는 금융계에 단비와 같은 존재다. 수많은 IB들이 다양한 파생 상품을 출시하며 이를 이용한 부를 축적하려 들 것이기 때문이다.

ETFs that Own Bitcoin

Entity	Country	Symbol:Exchange	Filings & Sources	# of BTC	Value Today	% of 21m
Grayscale Bitcoin Trust		GBTC:OTCMKTS	Filing | News	643,572	$10,837,387,639	3.065%
CoinShares / XBT Provider		XBTE:NADQ	Filing | News	48,466	$816,139,965	0.231%
Purpose Bitcoin ETF		BTCC:TSX	Filing | News	25,284	$425,768,227	0.12%
3iQ CoinShares Bitcoin ETF		BTCQ:TSX	Filing | News	21,237	$357,619,041	0.101%
ETC Group Bitcoin ETP		BTCE:XETRA	Filing | News	17,976	$302,705,649	0.086%
3iQ The Bitcoin Fund		QBTCBV:TSX	Filing | News	13,000	$218,912,630	0.062%
Bitwise 10 Crypto Index Fund		BITW:OTCMKTS	Filing | News	10,784	$181,596,447	0.051%
Grayscale Digital Large Cap Fund		OTCQX:OTCMKTS	Filing | News	7,346	$123,702,476	0.035%
21Shares AG		ABTC:SWX	Filing | News	6,142	$103,427,798	0.029%
VanEck Vectors Bitcoin ETN		VBTC:XETRA	Filing | News	3,950	$66,515,761	0.019%
CI Galaxy Bitcoin Fund		BTCX:TSX	Filing | News	3,248	$54,694,479	0.015%
Osprey Bitcoin Trust		OBTC:OTC	Filing | News	2,820	$47,487,201	0.013%
Valour Bitcoin Zero ETP		BTC0E.AS:OTC	News	2,000	$33,678,866	0.01%
Evolve Bitcoin ETF		EBIT:TSX	Filing | News	1,663	$28,003,977	0.008%
Ninepoint Bitcoin Trust		BITC:TSX	Filing | News	1,200	$20,207,320	0.006%
			Totals:	808,688	$13,617,847,475	3.851%

[비트코인 ETF 현황]
출처 : buybitcoinworldwide.com

이미 미국, 캐나다, 독일 등 수많은 금융강국들이 앞다투어 비트코인 ETF를 출시하고 있고 이더리움 등 다른 암호 화폐로 확대되고 있다.

전 세계 최대 파생 상품 거래소 CME는 비트코인과 이더리움 선물, 옵

선 거래를 지원하고 있으며 거래량은 지속적으로 늘고 있다.

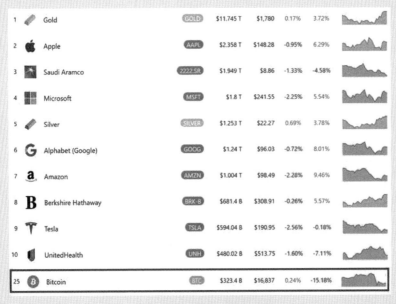

[전 세계 자산 시가 총액 순위]
출처 : 8marketcap.com

2009년 비트코인이 세상에 나온 후 많은 시간이 지나고 발전해 온 비트코인이지만 금융 상품으로서 성장성은 아직도 무궁무진하다. 2022년 11월 기준 기존 전통 자산에 비해 시가 총액이 매우 작기 때문이다. '21세기 디지털 골드'로 불리는 비트코인의 시가 총액은 3,200억 달러로 12조 달러에 달하는 '금' 시가 총액의 1/37 수준이다.

앞으로 더 많은 국가와 금융사들은 비트코인을 금융 상품으로 취급하기 위해서는 리스크 관리를 하기 위한 체계를 갖추고 금융 당국과의 조율이 필요할 것이다. 이전까지는 직접 투자보다는 간접 투자상품이 당분간 주를 이룰 것으로 판단된다. 이후 직접 투자의 길이 열리면 비트코인의 수요는 폭발하게 될 수밖에 없을 것이다. 물론 많은 이슈와 시간이 소요될 것이다. 그러나 금융 시장에서 비트코인은 절대 포기할 수 없는 매혹적인 상품인 것은 확실하다.